Marianne Schütt-Jaguttis
Zwei Dackel im Himmel

D1725093

Marianne Schütt-Jaguttis

Zwei Dackel im Himmel

edition fischer
im
R. G. Fischer Verlag

Die Deutsche Bibliothek - CIP-Einheitsaufnahme

Schütt-Jaguttis, Marianne:
Zwei Dackel im Himmel : Marianne Schütt-Jaguttis. -
Frankfurt / Main : R. G. Fischer, 1999
      (Edition Fischer)
      ISBN 3-89501-875-9

© 1999 by R.G.Fischer Verlag
Orber Str. 30, D-60386 Frankfurt/Main
Alle Rechte vorbehalten
Illustrationen: Michael Knischewski
Schriftart: Palatino 12˙
Herstellung: BC / SP
Printed in Germany
ISBN 3-89501-875-9

Gewidmet:

Allen Hundefreunden dieser Welt!

INHALTSVERZEICHNIS

Eigentlich fängt die Geschichte damit an, daß ein langmähniger ungarischer Hirtenhund den Kopf durch die Himmelspforte steckte, ihn hin und her bewegte, sich neugierig umsah, jedoch vorsichtshalber im Tor stehen blieb, und sich nicht weiter hineinwagte.

Diesen Augenblick nutzten zwei Dackel, verdeckt durch sein langes, zotteliges Fell, zum Tor hinauszuschlüpfen. Der Hirtenhund machte zwei, drei Schritte nach vorn, da fiel die Tür hinter ihm ins Schloß, und die beiden Dackel standen nun draußen vor verschlossener Himmelstür. Sie kannten sich schon eine ganze Zeit lang. Tuxi, eine kleine, reinrassige Langhaardackel-Schönheit, war zuerst im Himmel. Sie hatte sich mit einem Zwergschnauzer aus einem Zirkus angefreundet, der die lustigsten Sachen machen konnte. So schlug er zum Beispiel Purzelbäume und konnte einen Salto aus dem Stand springen. Nach einiger Zeit, gezählt nach vierzehn Menschenjahren, gesellte sich das Rauhhaardackel-Zamperl »Flori« hinzu. Nun waren sie zu dritt. Floris Mutter war eine reinrassige Rauhhaardackeline und ein Pudel-Mops-Dackel war sein Vater. Er selbst legte immer großen Wert darauf, daß er ein echter Dackel war und bekam dies auch schriftlich von einem Tierarzt bestätigt.

Tuxi – die auf Erden jedem männlichen Hund feindlich gegenüberstand – verliebte sich sofort in ihn. Sie übersah, daß er nicht von so edler Rasse war wie sie, denn im Himmel waren die Hunde sowieso alle gleich. Ihr gefielen seine geraden, etwas zu langen Beine und die kleinen Ohren. Er war schwarz, hatte aber eine hellbraune Schnauze und buschige blonde Augenbrauen. Auch seine Beine waren zweifarbig.

Seltsam war, daß sie beide auf die gleichen Kommandos hörten ... und den unwiderstehlichen Drang hatten, nach draußen durchs Himmelstor zu schlüpfen. Koste es, was es wolle. Dies war ihnen nun endlich gelungen.

Nun saßen die beiden auf einer Wolke, die zum Himmel gehörte, aber nicht weiterzog, und sahen hinab auf die Erde, die sich ihnen in prächtigem Blau offenbarte.

Tuxi seufzte tief: »Ach, ja!« »Was hast du?« fragte Flori.
»Ach, im Himmel merkt man das nicht so wie hier draußen. Ich denke an mein Frauchen und an das, was ich alles mit ihr

so erlebt habe.« »Ja«, sagte Flori, plötzlich wehmütig geworden. »Du hast recht. Auch ich muß jetzt ganz stark an Herrchen und Frauchen denken und daran, wie das Leben auf der Erde so war.«

»Erzähl mir etwas von deinem Erdenleben, Tuxi. Bitte, erzähl!«

Flegeljahre

»Nun, soweit ich mich zurückerinnern kann, war die erste Begegnung mit meinem Frauchen keine reine Freude. Ich hatte sechs Geschwister, die alle vor mir in kleine Holzverschläge verpackt wurden und mit einem großen gelben Postauto wegfuhren. Nur weil ich die Kleinste war, durfte ich noch bei meiner Mama bleiben. Doch die Hoffnung, daß dies für immer sein würde, zerschlug sich. Eines Tages kam auch für mich der Abschied. Ich wurde in genauso eine Kiste gesteckt, ein Schüsselchen mit Wasser und einen Kauknochen hat man mir dazugegeben, und ab ging es zum Bahnhof. Dort bin ich in einen Zug gesteckt worden und habe die Reise von Niederbayern in eine mittelfränkische Großstadt angetreten.

Es war dunkel in der Kiste, und ich habe gezittert vor Angst. Da habe ich mich in eine Ecke verkrochen. Diese entsetzliche Fahrt wollte kein Ende nehmen.

Endlich hielt der Zug. Ein Mann in blauer Uniform kam und hat mich samt Verschlag hochgenommen und auf eine Abholtheke gestellt.

Nach einer Stunde kamen drei Menschen und haben mich aus der Kiste befreit: meine zukünftige Familie! Jungfrauchen, Großfrauchen und Herrchen.

Sie haben ununterbrochen gesagt, ›wie süß, wie nett, wie goldig‹, und geknuddelt haben die mich. Da hab' ich noch mehr Angst bekommen und kläglich gewimmert. ›Ja, und dann?‹ Dann sind sie mit mir in ein großes Zoogeschäft gegangen, und ich bekam ein wunderschönes Halsband und eine Leine in Gelb, zu meinem braunen Fell passend. Mein junges Frauchen hat mich getragen, denn ich war ihr Hund, wie ich später erfahren habe. Sie hat mich zu ihrem zehnten Geburtstag bekommen. Mein anderes Frauchen hat immer gefragt: ›Warum bellt denn der Hund nicht? Kann der Hund nicht bellen?‹ Als ob man mit acht Wochen schon bellen könnte!

Dann durfte ich mit dem Auto nach Hause fahren. Das hat mir gleich sehr gefallen. Hier hatte mein Herrchen eine Hundehütte für mich gebaut. Sie stand in der Küche unter dem Abfluß. Darüber hätte ich mich freuen und dankbar sein sollen. Doch keine zehn Pferde brachten mich da hinein. Lieber schlief ich, platt wie eine Flunder, unter dem Küchenbüfett.

Meinen Herrn hat dies sehr geärgert, und er hat es mir, so glaube ich wenigstens, niemals richtig verziehen. Gekläfft – oder so ähnlich – habe ich dann doch noch. Unter dem Büfett saß nämlich eine große Kellerassel und schlief. Sie war dick wie eine kleine Kugel und bewegte sich nicht. Ich verbrachte eine ruhige Nacht mit ihr. Doch am Morgen war sie nicht mehr da. Ich steckte meinen Kopf vorsichtig unter dem Geschirrschrank hervor, und da sah ich sie mitten in der Küche sitzen. Ich kroch auf sie zu und beroch sie von allen Seiten. Sie sollte wieder zurück unter das Büfett, damit ich nicht so allein war. Sie fing jedoch plötzlich zu laufen an und bewegte sich schnurstracks auf die Terrassentür zu. Da bin ich fürchterlich erschrocken, habe es mit der Angst zu tun bekommen und habe zu kläffen angefangen. Daß sie laufen konnte, damit hatte ich nicht gerechnet. Ich wollte sie nur mit meiner Schnauze wieder zurückrollen. Mein Jungfrauchen hat furchtbar gelacht und mich einen Angsthasen genannt.

Bis ich sauber – sprich ›stubenrein‹ war, habe ich mich viel in der Küche aufgehalten. Aber da war es sowieso am lustigsten. Man konnte den Kehrbesen verbellen und angreifen. Und wenn Frauchen zum Putzlappen griff, hab' ich darangehangen, und sie hat mich dann durch die ganze Küche gewischt, hin und her und her und hin. Das war eine Hetze.

»Und dann, wie ging es weiter?« Flori sah Tuxi aufmerksam an.

»Nun ja, ich wurde in den Puppenwagen meines Jungfrauchens gepackt und mußte mir Jäckchen und Höschen anziehen lassen. Ich hab' mich auf den Rücken gelegt und alle viere von mir gestreckt; was hätte ich auch anderes machen sollen?

Einmal hat mein Jungfrauchen eine Schneckenzucht gehabt. Tagsüber schliefen diese in einer Holzkiste, und nachts durften sie zum Fressen in den Garten. Sehr zum Mißfallen unserer Hausfrau, welcher der Garten gehörte. Es waren meist um die dreißig Schnecken. Wenn mein Jungfrauchen mich in den Puppenwagen gepackt hatte, dann durften diese Viecher auch mit. Wir wurden dann sozusagen zusammen ausgefahren. Mir hat es sehr gegraust. Aber meinem Jungfrauchen gefiel es. So hab' ich es eben geduldet. Sonst war sie nämlich in Ordnung. Sie hat mich überall mit hingenommen, zu den größten und lustigsten Hunden. Leider hatte ich dann immer Flöhe, einmal sogar Läuse. Da hat mein großes Frauchen aber geschimpft, und ich mußte mich baden lassen, was überhaupt das Entsetzlichste auf dieser Welt da unten war. Vorsichtshalber habe ich mich später immer unters Bett verkrochen, wenn Wasser in die Badewanne lief.

Frauchen hat dann die besten Bissen unter das Bett

gehalten, damit ich hervorkomme. Aber ich hatte Charakter. Ich habe sie nicht angenommen. Denn ködern lass' ich mich nicht. Dann mußte ich eine Zeitlang zu Hause bleiben, durfte nicht mehr mit meinem Jungfrauchen auf Entdeckungsreise. Es blieb mir nichts anderes übrig, als mir Beschäftigung im Hause zu suchen, die meinem Großfrauchen aber auch nicht gefiel.

Einmal hab' ich vom Schlafzimmerschrank die Türe angeknabbert. Jahre später wollte die Familie das Schlafzimmer verkaufen, was aus diesem Grund sehr schwierig war und viel Verlust einbrachte.

Dann hab' ich das von Frau Murner an mein Frauchen ausgeliehene Buch, ›Kalifornische Sinfonie‹, zerrissen. Stundenlang hatte ich damit zu tun und war eigentlich sehr brav. Doch mein Frauchen mußte das Buch neu kaufen und jammerte immer wieder, daß sie nicht wüßte, wie sie dies der Frau Murner beibringen sollte.«

Tuxi war in Fahrt gekommen und erzählte munter weiter.

Das Büro

Mein Frauchen war selbständig, sie hatte ein Schreib-
und Immobilienbüro, und ich durfte jeden Tag mit ihr
dorthin. Es waren zwei Zimmer, die wir in einer
Privatwohnung angemietet hatten. Während dieser
langweiligen Bürostunden habe ich mich auf das
Ausleeren und Umkippen von Papierkörben speziali-
siert. An guten Tagen gelang mir dies bis zu zwanzig-
mal. Immer, wenn es geläutet hatte, und es läutete oft,
bin ich schnell von meinem Sessel gesprungen und
voll auf die Körbe zu. Null Komma nichts waren sie
umgeworfen, und ich hatte genügend Papier, um es
unter den Vervielfältigungstisch, der hinter einem
Vorhang stand, zu ziehen. Hier konnte ich es mit Ruhe
zu Konfetti verarbeiten.

Wenn Frauchen dann mit der Kundschaft herein-
kam, sah es erst einmal furchtbar aus. Sie hat dann
alles, immer vor der Kundschaft herlaufend, schnell
zusammengetragen und wieder in den Korb gesteckt.

Dabei schimpfte sie mich »kleine Ratte«. Doch ihre Stimme war nicht gefährlich, das kannte ich genau. Und so habe ich es beim nächsten Läuten gleich wieder probiert. Richtig böse war sie eigentlich nie.

Nur einmal wurde die Sache bedrohlich. Als ich dem Vermieter seine neuen Hausschuhe geklaut hatte. Sie waren außen Leder und innen gewachsenes Fell und rochen unwahrscheinlich gut. Gemacht zum Kuscheln. Einen habe ich gut versteckt und habe mich hineingelegt, um darin zu schlafen. Den anderen habe ich zerpflückt. Nun aber kam die Katastrophe. Der Vermieter kam mit dunkelroten Augen auf mein Frauchen zu und hat es angeschrien.

»Ich habe neue Hausschuhe von meiner Frau zu Weihnachten bekommen. Können Sie mir sagen, wo die sind? Bestimmt hat sie Ihr Köter verzerrt. Ich will bis heute abend die Schuhe zurück, sonst ziehen Sie hier aus. Das kann ich Ihnen flüstern.«

Da habe ich vorsichtig aus meinem Versteck hinter dem Vorhang gespitzt. Und obwohl ich gerne geknurrt hätte, tat ich es nicht.

Mein Frauchen hat ihn böse angesehen und sagte: »Das glaube ich nicht, so was macht meine Tuxi nicht. Davon hätte ich auch etwas merken müssen.«

Dann hat sie hinter den Vorhang geschaut und hat mich und mein Nestchen entdeckt.

Sie hat mich seltsam angesehen und gesagt. »So, Nestchen baust du? Armer Hase!«

Dann ist sie losgezogen und kam nach zwei Stunden mit einem Paar wunderschöner Hausschuhe wieder zurück. Die hat sie dem Vermieter mit den Worten übergeben:

»Ich weiß nicht, wo Ihre Hausschuhe sind, aber ich will keinen Streit. Nehmen Sie diese, und machen Sie Ihre Schlafzimmertüre zu, dann kann keiner hinein und Ihnen was wegnehmen.«

Der Vermieter bedankte sich und meinte:

»Na ja, beweisen kann ich es nicht, daß es Ihr Hund war. Aber Sie wissen ja, ich bin kriegsbedingt zu achtzig Prozent hirngeschädigt, und ich rege mich halt leicht auf.«

»Eben!« sagte mein Frauchen, nahm mich auf den Arm, warf ihren Kopf in den Nacken und trug mich stolz zum Büro hinaus.

Da hab' ich ihr dankbar das Ohr geleckt.

Bald darauf sind wir dort ausgezogen, weil die Geschäfte besser liefen und das Büro zu klein wurde. Da war ich sehr froh.

»Welches Frauchen hattest du lieber, dein Jungfrauchen oder dein Großfrauchen?« fragte Flori. Er hatte sich der Länge nach auf die Wolke gelegt und spitzte an deren Rand zur Erde herunter, so als könnte er das Frauchen von Tuxi sehen.

»Ja, weißt du, es war so: Mein Jungfrauchen ›Petzi‹ wurde mit der Zeit flügge und hatte nicht mehr viel Zeit für mich. Mein anderes Frauchen aber ließ mich nie allein. Es nahm mich überall mit hin, und so hing ich immer mehr an ihr. Als sie einmal krank war, sie hatte sich einen Brustwirbel angebrochen und mußte viele Wochen bewegungslos im Bett verbringen, da hab' ich auf sie aufgepaßt. Ich habe niemanden an sie rangelassen, nur das Jungfrauchen und das Herrchen zum Essenbringen. Das hat sie mir nie vergessen. Von da an waren wir ein Herz und eine Seele.«

»Wie hieß denn dein Frauchen mit Namen?« »Herrchen hat *sie Anne genannt.«* »Na so was«, sagte Flori, *»Anne? Ich hatte auch ein Frauchen, das Anne hieß. Tuxi, erzähl noch ein wenig, ich hör' dir so gern zu.«*
  »Ja, aber dann mußt du mir auch etwas von dir erzählen. Was du so erlebt hast auf Erden.« »Ja, das tu ich, wau, bestimmt, wau!«

»Weißt du, Flo, richtig lustig ist es eigentlich dann erst in Oberbayern gewesen.« »Oberbayern?« *Flori hob den Kopf, sagte aber nichts darauf. Er selbst war in Oberbayern geboren.*

»Eines Tages – es war kurz nach der Hochzeit von Jungfrauchen Petzi, kam ein großer Möbelwagen vorgefahren, und zwei Männer haben das ganze Büro meines Frauchens eingepackt, dazu noch alle Kleider und sind davongefahren. Frauchen hat mich genommen und in unser Auto gesetzt.

»Dreh dich nicht um, Tuxi«, hat sie gesagt. »Wir müssen das alles hier hinter uns lassen. Es ist besser, wir schauen nicht zurück.«

Das haben ich und das Frauchen dann auch gemacht, und wir sind losgefahren – Richtung Oberbayern. Das Haus, in dem wir bis dahin gelebt hatten, habe ich nie mehr gesehen. Mein Herrchen auch nicht. Aber das war nicht so schlimm. Er hatte mich einmal gezwungen, ihm beim Eisstockschießen zuzusehen. Ich mußte immer brav dasitzen auf dem Eis und durfte fast nicht herumlaufen. Stundenlang! Seitdem hatte ich es mit den Nieren und mußte oft viele Schmerzen aushalten. Er verstand wohl nicht viel von Hunden. Von Frauen wahrscheinlich auch nicht, sonst wären wir jetzt nicht auf der Flucht gewesen. Ich durfte also mit meinem Frauchen mit nach Oberbayern, wie sie mir erklärte. Es roch förmlich nach Abenteuer…

Tuxi und die neue Welt.

»Mein Frauchen und ich hatten nun ein möbliertes Zimmer. Küche und Bad teilten wir uns mit zwei jungen Mitbewohnerinnen. Da war immer was los, und man war nie allein. Einen Garten hatten wir auch, und ich durfte in diesem herumspringen, soviel ich wollte. Nur nicht in die Rosenbeete. Diese waren das Steckenpferd vom neuen Hausherrn.

Einen Haken hatte die Sache für mein Frauchen. Ich

blieb nämlich nicht alleine zu Hause. Wenn Frauchen wegging, mich nicht mitnahm, bellte ich so fürchterlich, daß sie schnell zurückkam und mich holte. Das gelang fast immer. Frauchen mußte sich schnell eine Arbeit suchen und hatte eine Stelle bei einem Filmstudio erhalten. Notgedrungen nahm sie mich auch dorthin mit. Was hätte sie auch anderes machen sollen? Ich war anständig, habe mich den ganzen Tag ruhig im Büro verhalten, nur gemeldet, wenn die Türe aufging. Dann natürlich laut und deutlich. Ich sollte doch sagen, wenn jemand kam.

Nun waren in der Filmhalle auch Schneideräume untergebracht, und es wurden Tonbänder bespielt. Auf diesen waren dann oft meine Wutausbrüche zu hören, und das gab Ärger. Frauchen wurde zur Auflage gemacht, daß sie für mich eine Tagespflegestelle suchen sollte. Man wollte ihr diese sogar bezahlen. Da hat mein Frauchen ein Inserat aufgegeben und an das Herz von Hundefreunden appelliert. Und siehe da, es fand sich tatsächlich ein Platzerl für mich.

Es war eine liebe Familie, die mich aufnahm. Sie selbst nannten sich die ›Finken‹. Da war der Mann Finke und die Dame Finke und das Jungherrchen.

Täglich wurde ich zu meiner Pflegestelle um acht Uhr hingebracht, und mein Frauchen holte mich pünktlich am Abend wieder ab. An den Wochenenden durfte ich zu Hause bleiben.

»Komisch«, dachte Flori , »Finken …? Erzähl!«

»Die Finken hatten einen großen Garten, in dem ein Haus stand, um das man herumlaufen konnte. Sie hatten einen Wellensittich, Peter, der nie ruhig war und meist alles durcheinander und viel zu schnell aus der Schule plauderte. Ich konnte ihn nicht leiden und hätte ihn am liebsten gefressen. Doch komischerweise liebte er mich. Denn schon bald konnte er »Tuxi, Tuxi, komm!« sagen. Und so tat ich ihm nichts. Auch wenn er sich schnappbereit fünf Zentimeter vor meine Nase setzte. Es gab noch einen weißen Stallhasen, und ob du es glaubst oder nicht, mit diesem habe ich mich angefreundet. Im Sommer saß er in einem Stall in der Wiese, dessen Gitter man ganz leicht überspringen konnte. Er nicht – aber ich. Und obwohl ich es ihm immer wieder vormachte, begriff er es nicht. Er hieß Wanko.

Eines Tages, als mein Frauchen mich am Morgen gebracht hatte, saß Wanko vor der Gartentüre und schaute nach mir aus. Ich habe ihn mit freudigem Gebell begrüßt und gesehen, daß er sich durch seinen Laufstall gegraben hatte. Das Herrchen, welchem Wanko gehörte, hatte das Loch wieder zugemacht. Doch Wanko grub sich immer wieder durch und wartete auf mich. Dies ging so viele Wochen lang.

An einem Wochenende – Ende August – holte mich

mein Frauchen nach Hause, und als ich am Montag wieder ankam, war Wanko verschwunden. Weit und breit kein Hase!

Sein Herrchen hat ihn überall gesucht und ist mit mir in alle Nachbargärten gegangen. Doch Wanko blieb unauffindbar. Ich selbst habe in alle Richtungen gebellt, aber er hörte mich anscheinend nicht. Da war ich sehr traurig, denn nun hatte ich nur noch den Vogel, dieses Plappermaul. Stundenlang lag ich in der Wiese und habe darüber nachgedacht, wie ich es wohl anstellen könnte, daß dem Herrchen doch noch etwas einfiel zum Thema ›Wanko.‹ Ich bin immer wieder zum Laufstall gerannt und habe furchtbar geheult. Da hat das Herrchen gesagt:»Ja, Tuxi, ist schon gut, wir geben ein Inserat in die Zeitung. Vielleicht hat er sich ja verlaufen?«

Und ich kann dir sagen, nach drei Tagen kam ein Anruf zur Dame Finke. Ich hab' die Ohren gespitzt und gehört, wie sie sagte:»Nein, das kann nicht unser Wanko sein, das ist ja ein Herr … Aber ich sehe ihn mir trotzdem einmal an …«

Sie hat mich an die Leine genommen, und wir gingen in eine drei Kilometer entfernte Gartenkolonie. Ich sah Wanko schon von weitem. Er war in einen Stall eingesperrt mit noch zwei anderen Hasen. Sie rochen entsetzlich, und ich konnte sie nicht leiden. Trotzdem machte ich Freudensprünge in Richtung Stall, und

Wanko mümmelte am Gitter und wollte heraus.

Die Dame Finke sprach unterdessen mit der Gartenbesitzerin und erfuhr, daß Wanko eines Tages hier war und keiner gewußt hätte, wem er gehörte. Er durfte aus seinem Stall und zu mir auf die Wiese, und wir begrüßten uns freudig schnuppernd. Wanko wurde mitgenommen. Endlich schien das Leben wieder lustiger zu werden. Denkste Tuxi«!
Irgendwie war der Ausflug dem Hasen nicht gut bekommen. Er wurde zickig und sehr bequem. Wanko saß jetzt lieber in seinem Laufstall und wartete am Morgen nicht mehr auf mich. Selbst eine Karotte, der Dame Finke stibitzt und ihm vor die Nase gelegt, verschmähte er. Auch wurde er dick und träge und wollte nicht mehr mit mir durch den Garten hoppeln. Er riß sich Wolle aus, die er zu seinem Unterschlupf, einem kleinen Holzhaus im Drahtkäfig, trug. Mit diesem Benehmen konnte ich nichts anfangen. Es war mir unerklärlich und ärgerte mich.

Eines Tages waren alle Finken ausgeflogen, und wir waren allein im Garten. Wanko war unruhig und verkroch sich immer wieder in seinem Häuschen. Irgend etwas schien ihm weh zu tun. Ich legte mich vor das Gitter und sah ihn unentwegt an. Er gab komische pfeifende Laute von sich, riß sich die Haare büschelweise aus und stopfte sie zu den anderen in die Ecke.

Ich rannte ums Wohnhaus, bellte, wollte ihn ablenken und zum Herauskommen auffordern. Ich baute die schönsten Männchen vor ihm. Er blieb drinnen. Den ganzen Tag. Da bin ich über das Gitter gesprungen und habe mich vor sein Haus gelegt. Es roch komisch darin, und in der Wollecke bewegte sich etwas. Und dann traute ich meinen Augen nicht! Der Wanko hatte fünf kleine Hasen geboren! Als die Finken zurückkamen, hab' ich so lange vor dem Hasenstall gebellt, bis sie hineingesehen haben. Da war die Verblüffung groß. Von jetzt an hieß der Hase ›Wanka.‹

Die nächsten Wochen waren sehr anstrengend, denn ich mußte Wanka helfen, die Nachkommenschaft großzuziehen. Immer wieder fanden die Kleinen Mittel und Wege, sich unter dem Stallgitter durchzuwühlen. Da wußte ich mir nicht anders zu helfen, als sie im Genick zu packen und oben wieder reinzuwerfen. Und dies den ganzen Tag! Kaum hatte ich die Meute wieder beisammen, hoppelte eines von ihnen schon wieder im Garten herum, und ich mußte hinterher. Nur solange ich bellend um den Stall rannte, hatten sie Respekt. Hörte ich damit auf, sannen sie wieder auf Flucht.«

Tuxi seufzte: »Aber schön war es doch, Flori. Wir waren eine richtige Familie, wenn auch eine ungewöhnliche.«

Flori hatte ihr aufmerksam zugehört. Er konnte sich alles

ganz genau vorstellen, sah den Garten vor sich und die Finken-Familie. »Hattest du in Oberbayern auch ein richtiges Herrchen, das nur dir gehörte?«

»Zuerst nicht, aber dann war Frauchen oft sehr traurig, und da hab' ich mir gedacht, sie muß unbedingt wieder ein Herrchen haben.«

Vermittelt

Es gab da jemanden, der Anne immer besuchte. Einen Mann, der für mich ein großes Paket Tatar und für Frauchen Blumen mitbrachte. Ich fand ihn prima. Frauchen aber nicht. Wenn sie ihn sah, sprach sie von Sinnestäuschung. Denn er tauchte immer vollkommen unvermutet auf. Oft war er angeblich abgereist, um drei Stunden später wieder aufzutauchen. Anne hatte viel mit ihm geschimpft. Ich verstand es nicht, denn er konnte mich wunderbar stundenlang streicheln. Dies sollte doch auch bei ihr einschlagen? Aber vielleicht war ich selber schuld, daß da nichts klappte. Denn immer, wenn er sich neben mein Frauchen setzen wollte, hab' ich mich dazwischengeschmuggelt, weil sie ja nur mir ganz allein gehörte. Eines Sonntags kam er wieder. Ich ließ mir das Tatar schmecken und verschwand danach in meinem Körbchen auf dem Flur. Von hier aus konnte ich das Sofa im Wohnzimmer gut beobachten. Eddie, so hieß der Mann, setzte sich neben Frauchen, und schon kurze Zeit später begann er ihre Hand zu streicheln, dann ihr Knie … Da hat mich Frauchen verschämt angesehen und gesagt: »Tuxi, ich glaub' wir machen die Tür ein bißchen zu, dann kannst du besser schlafen …« Das hat sie dann auch gemacht, und es hat ewig gedauert, bis sie sich wieder um mich gekümmert hat. Doch von da an hat sie mit Eddie nicht mehr geschimpft. Er zog ein halbes Jahr später bei uns ein.«

Die beiden Dackel saßen auf ihrer Wolke, sahen zur Erde herab und bemerkten gar nicht, daß für einen Neuankömmling die Himmelstür wieder geöffnet wurde. Dies nutzte der Zwergschnauzer mit Zirkus-Vergangenheit zum Entwischen. Er schlug zwei Saltos und baute sich, Aufmerksamkeit heischend, vor den zwei Hunden auf. »Was macht ihr hier draußen, ich suche euch schon die ganze Zeit. Wer einmal im Himmel ist, darf nicht wieder heraus.«

»Was weißt denn du, wir dürfen wohl«, sagte Tuxi trotzig. »Wir tun nichts Böses. Wir erzählen uns nur von unserem Erdenleben und von unseren Familien, mit welchen wir gelebt haben.« Der Zwergschnauzer sagte nichts. Er setzte sich zu ihnen und sah nun ebenfalls auf die Erde hinab. Da liefen ihm plötzlich zwei dicke Tränen über die Hundebacken.

»Darf ich hier bleiben und mit zuhören? Obwohl ich hier sehr glücklich bin, warte ich doch insgeheim auf mein

Herrchen und die Löwin Erna, mit der ich viele Jahre auf Erden zusammen gearbeitet habe.«

»Wenn du ruhig bist, kannst du bleiben«, sagte Flori gönnerhaft.

Nun lagen alle drei am Rand der Wolke und sahen zu, wie sich die Erdkugel bewegte. Was sie nicht wußten, war, daß man stundenweise das Leben auf dem Erdball bei seiner Drehung um die eigene Achse von West nach Ost beobachten und verfolgen konnte. Und dieser Moment kam jetzt. Sie sahen München, die Isar und fröhliche Leute in den Biergärten sitzen. Sie sahen den Starnberger See und das Gebirge und die herrlichen Mischwälder des Bayernlandes, und fast hätten sie sich gefragt, ob es im Himmel wirklich schöner ist.

»Sieh mal, Flo, hier ist mein Frauchen«, rief Tuxi. »Das ist mein Frauchen«, sagte Flori und baute sofort sein schönstes Männchen. »Und mein Herrchen. Hier ist mein Eddie«, jubelte Tuxi.

Flori saß noch immer da wie eine Eins und sah hinab. Er hatte es schon vermutet, doch jetzt wußte er es bestimmt. Sie hatten beide die gleiche Familie auf Erden. Er teilte seine Entdeckung Tuxi und dem Schnauzer mit. Da war die Freude groß und Tuxi meinte: »Oh, da haben wir bestimmt noch viele gemeinsame Erinnerungen.«

»Schau nur, Frauchen hat schon wieder einen Dackel. Bestimmt hat sie uns vergessen«, sagte Flori traurig. »Das glaub' ich nicht«, meinte Tuxi. »Im Gegenteil: Sie kann ohne

uns Dackel nicht leben. Erzähl, Flori, wie du zu unserem
Frauchen gekommen bist!«
Flori kratzte sich verlegen am Ohr und sah die beiden ande-
ren Hunde etwas unsicher an. Sollte er oder sollte er nicht?
Es gab auch manches, was nicht ganz astrein war. Was
würde Tuxi von ihm denken? Doch er schmiß sich in die
Dackelbrust und begann.

Flori

»Also, das war so: Zuerst war ich bei einer Familie mit Haus und Garten und einem ganz jungen Herrchen von zehn Jahren. Das Frauchen folgte dem Ruf ihres Herzens und zog mit einem Mann in den hohen Norden. Dort aber, in der neuen Wohnung, durfte man keinen Hund haben. Auch nicht so einen kleinen wie mich. Da hängte meine damalige Familie ein schönes Foto von mir als Welpen an die Schwarzen Bretter der Supermärkte in der Umgegend und bot mich zum Verkauf an. Und siehe da, unser gemeinsames Frauchen Anne hat mich da entdeckt und sich sofort in mich verliebt. So sagte sie wenigstens. Zwei Tage später kam sie, um mich persönlich kennenzulernen. Ich lag im Gras versteckt und sah, wie sie sich mühte, das Gartentor zu öffnen. Da kam mein erstes Frauchen und hat geholfen, und sie unterhielten sich über mich. »Flori«, rief mein erstes Frauchen, »Flori, du Lump, wo steckst du denn schon wieder?«

Dann rief auch das Frauchen Anne.

»Flori, Flori, komm her. Ich hab' dir was mitgebracht.«

Sie hatte eine große Bockwurst in der Hand. Da bin ich ihr entgegengesprungen und hab' ihr gleich mein schönstes Kunststückchen gezeigt. Ich konnte nämlich aus dem Stand einem Menschen von einem Meter siebzig Größe auf die Schulter springen. War er größer, sprang ich erst in die Hüfte und dann weiter hinauf. Bei ihr hat's gleich geklappt. Ich legte mich wie eine Schlange um ihren Hals, immer bedacht, das Gleichgewicht zu halten. Sie hat meinen Kopf genommen, zu sich herumgezogen und mit mir geschmust. So hatte ich bei ihr und sie bei mir gewonnen. Das war mal ein nettes Frauchen, hab' ich mir gedacht.

»Gehst du mit mir?« hat sie mich gefragt.

Doch das wollte ich nicht unbedingt. Ich bin schnell wieder von ihrer Schulter heruntergesprungen. Sie trank noch mit meinem ersten Frauchen einen Kaffee, und dann hat sie mein Körbchen genommen und in ihr Auto getan. Ich wurde an die Leine genommen und sollte mit. Na ja, vielleicht war es nur vorübergehend, dachte ich, und neugierig war ich von Haus aus. Wir fuhren los, und es gab kein Zurück mehr. Zuerst war ich traurig, aber dann hat sich herausgestellt, daß ich es nicht besser hätte treffen können. So bin ich zu unserem Frauchen gekommen. Und du hast recht, vergessen hat sie uns bestimmt nicht. Denn im ganzen Haus waren Bilder von dir aufgehängt. Und erzählt hat sie auch immer von ihrer Tuxi und deinen Streichen. Daß du zum Beispiel Laubfrösche gefressen hast, obwohl deine Leibspeise eigentlich Speiseeis war. Dies konnte sie gar nicht verstehen. Sie hat erzählt, wie du dem Herrchen einmal eine tote Maus ins Bett gelegt hast und er deshalb laut um Hilfe rief. Wie du Hasen nachgejagt bist und sie gestellt und die Rehe im Wald aufgestöbert hast.«

»Ja, das ist wahr, das ist alles wahr«, meinte Tuxi. »Deine Erlebnisse mit dem Hasen Wanka waren bestimmt sehr schön«, fuhr Flori fort. »Auch ich habe ein Hasenerlebnis gehabt, das ich dir erzählen muß …

*Es muß die Zeit nach dir gewesen sein, denn die Finken-Familie kenne ich ebenso wie du. Doch ich will der Reihe nach beginnen und nicht nur von dem Hasen, sondern auch von mir und dem Besuch beim Tierarzt berichten. Ich glaube, ich bringe alles durcheinander, weil ich so aufgeregt bin.«
»Fang an, und versuch's in die Reihe zu bringen«, riet Tuxi.*

Robert

»Also, unser gemeinsames Herrchen Eddie verwaltete eine Zeitlang eine Landhausvilla in einem riesengroßen Grundstück. Er nahm mich täglich dorthin mit. Ich durfte Maulwurfhügel aufgraben, die Spuren der Feldmäuse verfolgen, Amseln und Kaninchen jagen, soviel ich wollte. Es war das reinste Paradies. War ich müde, schmuggelte ich mich durch den Kücheneingang ins Haus, ging in den ersten Stock und legte mich dort auf den Balkon der Dame des Hauses. Von hier aus konnte ich das ganze Grundstück übersehen und verlor vor allen Dingen mein Herrchen nicht aus den Augen. Die Besitzerin des Landhauses und die Finken-Familie waren befreundet. Vor drei Tagen war in mein Paradies ein Stallhase eingedrungen. Er war groß und fett und hatte lange graue Löffel. Da ich es von der Größe her nicht mit ihm aufnehmen konnte, jagte ich ihn nicht, sondern respektierte ihn. Er saß meist vor der Haustür, so als begehre er Einlaß. Die Dame des

Hauses nannte ihn Robert, fütterte ihn mit Karotten und meinte, er wolle sicher ein Dach über dem Kopf haben und er brauche deshalb einen Stall.

An einem Sonntag besuchten wir die Finken. Es wurde im Garten gegrillt, und ich hatte zu tun, alle abgenagten Kotelettknochen für schlechte Zeiten zu vergraben. Bei diesen Grabarbeiten passierte es, daß ich mir fast eine Kralle abgerissen hätte. Sie hing nur noch an einem dünnen Stückchen Haut. Meine Pfote hat furchtbar geblutet. Da hab' ich zu schreien angefangen und bin mit drei Beinen zu meinem Frauchen gehumpelt. Der Vater Finke ist gerannt und hat mir einen weißen Verband um mein Bein gewickelt, und Anne hat mich zum Auto getragen. Am anderen Tag hat sie sich einen Tag Urlaub genommen und ist mit mir zum Tierarzt gegangen. Na, und wen, glaubst du, habe ich dort gesehen? Robert! Er saß in einem Korb auf dem Schoß der Dame vom Landhaus und ließ sich streicheln, die Ohren eng angelegt. Die Katze Molli, auf die ich später noch zu sprechen kommen werde, war auch hier. Sie gab ein klägliches »Miau« von sich, als sie mich sah. So, als ob ich ihr etwas hätte tun wollen. Ich tat so, als ob wir gut Freund wären. War ich doch viel zu sehr mit meiner eingebundenen Pfote beschäftigt, als daß mich die Molli auch nur im entferntesten interessiert hätte. Der Graupapagei von Frau Vogel, der mein Herrchen Eddie immer einen Eierkopf nannte, wenn er ihn sah, war auch hier. Während des Sommers stand sein Käfig im offenen Fenster. Er machte dann das Klingeln des Telefons nach und meldete sich mit ›Vogel hier, und hallo, hier Vogel!‹ Jetzt saß er brav auf seiner Stange und steckte den Kopf in die Federn. Keines der Tiere im Wartezimmer verhielt sich artgerecht. Da ist es mir angst geworden. Ich habe mich unter dem Stuhl von Anne versteckt und furchtbar zu zittern angefangen.

Die Landhausdame erzählte meinem Frauchen, daß ihr der Robert zugelaufen sei, sie aber für sechs Wochen nach Indien wolle und der Hase vorher aber einen Platz bekommen müßte. Deshalb wolle sie ihn auch untersuchen lassen. Der Tierarzt öffnete die Türe zum Wartezimmer und sagte: »Der Nächste bitte!«

Gott sei Dank, das war nicht ich, sondern der Graupapagei. Doch die Reihe kam schließlich auch an mich. Meine Pfote wurde vereist, und ich hab' geschrien wie am Spieß. Dann wurde mir meine Kralle gezogen, und ich bekam wieder einen Verband. Er war weiß, und er hat mir sehr gefallen. Ich bin auf drei Beinen gelaufen und habe jedem meine kranke Pfote entgegengestreckt.

Eddie und Anne mußten für fünf Tage zu einem Seminar, und ich durfte in dieser Zeit zu den Finken. Den Hasen Wanka, den du kanntest, gab es nicht mehr. Aber es gab noch Peter, den Wellensittich, der allerdings wesentlich ruhiger geworden war und nur noch vereinzelt Wörter sprach. Ich lag in der Wiese vor dem Haus und habe mir die Sonne auf das Fell scheinen lassen.

Da hielt ein Auto, und die Landhausdame kam. In der einen Hand trug sie einen Korb, in dem Robert lag, und in der anderen einen Korb mit Mohrrüben. Sie sprach eindringlich auf die Finken-Mutter ein. Daß ihr Mann dem Hasen einen Stall bauen sollte und wenn die Finken ihn nicht behalten wollten, wäre es immer noch Zeit, wenn sie aus Indien zurückkäme, über das Schicksal des Hasen zu entscheiden. Die Dame Finke meinte, sie wisse nicht, was ihr Mann dazu sagen würde. Begeistert wäre er bestimmt nicht. Denn das Jungherrchen hätte bei dem Ableben von Wanka sehr getrauert und sich tagelang ins Zimmer eingesperrt. Daraufhin hätten sie beschlossen, zwar jedem Tier zu helfen, aber keines mehr ganz zu betreuen.

Robert blieb gegen alle Proteste hier, und ich begrüßte ihn. Er war so fett, daß er fast nicht mehr richtig hoppeln konnte. Er schien sein Leben auf einer Mastfarm verbracht zu haben, dachte ich. Wie recht ich hatte, bewies sich am Abend, als der Finke-Vater nach Hause kam und spontan über das Schicksal von Robert entschied. Er hörte sich die Story vom Stallbau und Obdach an und sagte:

»Nein, kommt nicht in Frage! Der Hase ist dick und fett, also reif zum Schlachten. Das tun wir unserem

Jungen nicht mehr an. Er hat so sehr gelitten, als die Wanka gestorben ist. Der Hase muß weg, bevor der Junge vom Zeltlager zurückkommt.«

Er hat den Robert eingefangen und ist mit ihm in den Geräteschuppen gegangen. Ich durfte nicht mit. Der Finke-Vater meinte: »Flori, das ist nichts für dich. Geh spielen!«

Ich hab' den Robert nicht mehr gesehen. Doch am Tag darauf gab es einen Braten, der sehr gut roch. Die Dame Finke deckte den Tisch auf der Terrasse und lud noch zwei Nachbarn zum Essen ein. Ich schlich mich in den Geräteschuppen und fand zwei abgetrennte Hasenpfoten. Mein Gott, Robert, dachte ich. Ich nahm die Pfoten und vergrub sie im Rosenbeet vor der Küche. Man hatte mir von dem Braten etwas in meinen Freßnapf getan, aber ich habe es nicht angerührt.

Alle saßen um den Tisch und langten tüchtig zu. Zwei Flaschen vom besten Roten des Hausherrn machten in kurzer Zeit aus den Schmausenden eine lustige Gesellschaft. Mir wurde es mulmig, als ich in der Ferne das Motorengeräusch der Landhausdame hörte. Es dauerte auch nicht lange, und sie hielt mit quietschenden Reifen vor dem Haus. Sie wollte sich von Robert verabschieden, bevor sie nach Indien fuhr. Mit fünf Bund Karotten betrat sie den Garten. »Wo ist denn Robert?« fragte sie.

Da ist der Finke-Vater langsam aufgestanden, hat ihr die Hand geküßt und sie zum Essen eingeladen. Er erzählte ihr, was mit dem Hasen passiert war.

Da hat sie ihn lange angesehen, nichts gesagt, ist auf dem Absatz umgekehrt und weggefahren.

Ich aber habe auf den eingegrabenen Pfoten im Rosenbeet gelegen und habe mir so meine Gedanken über die Menschen im allgemeinen und im besonderen gemacht. Kurz darauf hat der Finke-Vater gemeint, daß der Hase eigentlich schon zu alt war und nicht richtig gar geworden wäre. Da stimmten auch die anderen alle zu und beendeten das Mahl vorzeitig. Er hat dann ein Loch gegraben und den restlichen Braten hineingetan. Er stellte eine Schale mit Stiefmütterchen darauf. Und das von da an jedes Jahr …

Ich weiß, das ist eine makabre Geschichte, und ich werde euch so etwas auch nicht mehr erzählen. Aber sie gehört auch zu meinen Erfahrungen auf der Erde.«

Tuxi war ruhig geworden. Hüpften nicht auf der Himmelswiese immer ein weißer Zwerghase und ein fetter Stallhase miteinander herum? Sie schienen glücklich, daß sie sich hier oben gefunden hatten.

»Kennst du den Nachbarn Leopold, den Dabei?« fragte Tuxi. »Und ob ich den kenne«, sagte Flori und begann seine neue Geschichte.

Flori und die Nachbarn

»Es war Sommer, und unser Nachbar zur Linken hatte sich eine kleine Rauhhaardackeline mit Namen Nana angeschafft. Wir waren eng befreundet, ich mochte sie sehr gern. Jeder Mensch, der sich an unseren Gartenzaun heranwagte, wurde kräftig verbellt. Auch der Briefträger hatte nichts zu lachen. Zu zweit waren wir unwahrscheinlich stark. Man muß wissen, daß wir zwar einen Zaun zur Straße hin hatten, innerhalb der Gartenanlagen durften aber keine Zäune gezogen werden, damit die parkähnliche Landschaft erhalten blieb. Wir konnten also ohne weiteres auf Nachbars Grundstück spielen gehen. Dies war unser Bereich, und es hatte sich jeder in gebührendem Abstand zu halten. Nana versteckte mit Leidenschaft die Hausschuhe ihres Herrn in anderen Gärten. Meist grub sie einen der Schuhe ein, und ich half ihr brüderlich dabei. Auf den anderen legte sie sich zum Schlafen.

Kam dann Nanas Herrchen Leopold, auch Dabei genannt, weil er an jeden zweiten Satz ein Dabei anhängte, schimpfend aus dem Haus, um seine Hausschuhe zu suchen, lag ich längst brav in meinem Garten und hoffte, daß es Nana glücken möge, den Hausschuh gut unter sich zu begraben, damit Herrchen ihn nicht sah. Er rief dann: »Nana, du Hundsvieh, du hast doch bestimmt wieder meine Hausschuhe versteckt, dabei. Das ist jetzt heuer schon das dritte Paar, dabei, das nicht mehr aufzufinden ist, dabei.« Nana rührte sich nicht. Mit zorniger, dunkler Stimme rief er:

»Wo sind meine Schuhe, bring sofort die Schuhe her, dabei.« Wenn sich nichts rührte, versuchte er es bettelnd. Dann war seine Stimme ganz weich.

»Nana, komm, kriegst ein Guti, wirst nicht geschimpft, dabei, wo sind die Schuhle, brings Schuhle, brings, dabei.«

Doch Nana rührte sich nicht – dabei.

Um den Hausherrn gnädig zu stimmen, kam nach und nach die ganze Familie aus dem Haus und suchte nach den Schuhen. Wenn sich alle im Garten verteilt hatten, schlich Nana sich vom Nachbarsgarten an der Hausmauer entlang durch die Büsche, legte sich auf die Terrasse, den nicht vergrabenen Hausschuh vor sich, so als hätte sie ihn gerade gefunden. Sie wartete im wahrsten Sinne des Wortes auf Lob. Der Nachbar schimpfte, in sich hineinmurmelnd, weiter. Die übrige

Familie streichelte Nana. Der zweite Schuh aber blieb verschwunden. Erst im Herbst, beim Umgraben des Gartens für das Setzen der Tulpenzwiebeln, würden die Hausschuhe wieder zum Vorschein kommen. Es waren meistens drei Stück pro Jahr.

Nana wurde von Tag zu Tag hübscher. Sie brachte mir eines Tages einen Gummdinosaurier und legte ihn vor unsere Küchentür. Ich nahm ihn, bevor sie es sich anders überlegte, und vergrub ihn schnell im Rosenbeet. Am anderen Tag brachte sie mir einen Kauknochen aus Büffelleder. Auch diesen versteckte ich im Garten. Komisch, wie sie sich benahm! Sonst knurrte sie wütend, wenn ich nur in die Nähe ihres Knochens kam. Außerdem schien sie ein neues Parfüm zu verwenden, sie roch himmlisch und brachte mich fast um den Verstand.

Am Tag saß ich vor ihrer Terrassentüre und sang ihr ein Lied nach dem anderen vor. Und zwar eines, das ich immer anstimmte, wenn mein Herrchen auf der Geige spielte. Es war traurig-schön. In den Nächten träumte ich von ihr. Doch ihr Frauchen ließ sie nicht mehr zu mir. Immer mußte sie an der Leine Gassi gehen. Und am Abend, wenn der Dabei sie ausführte, hatte er einen großen Knüppel, und ich hab' gesehen, wie er diesen furchterregend über seinem Kopf schwang, als ihnen der Boxer Bello entgegenkam.

An einem Tag läutete es fast gleichzeitig an der Haustüre der Nachbarin und unserer eigenen. Wir stürzten wie üblich hinter unseren Frauchen her, um zu sehen, wer kam. Es war der Gemüsehändler, der wöchentlich einmal vorfuhr, um seine Ware feilzubieten. Unsere Frauchen sahen zur Tür hinaus, begrüßten sich und bemerkten nicht, wie wir beide uns hinausschlichen. Nana ging schnurstracks – im Schatten der Sträucher – Richtung Wald und ich hinterher. Sie freute sich riesig, daß sie mich sah, und auch ich wedelte heftig mit meiner Rute. Ich mußte näher an dieses Parfüm herankommen. Sie lockte mich immer weiter ins Unterholz. Dann hielt sie plötzlich an und warf sich in meine Pfoten. Ich hatte sie zum Fressen gern und ließ sie das auch spüren. Kurzum, sie wurde meine Geliebte.

Doch kaum daß ich dachte, es sei alles im Lot, änderte sie ihr Wesen wieder. Sie brachte mir nun keine Knochen mehr, ihr Frauchen ließ sie auch nicht mehr zu mir, und schließlich kam sie in eine Tierklinik, blieb dort ein paar Tage und wurde dann dick und faul. Nie mehr roch sie so gut wie früher.

Da ist es dann schon mal passiert, daß ich ein Auge auf andere Hundedamen warf, was sie immer sehr beleidigt zur Kenntnis nahm. Nicht begriffen habe ich bis heute ihren Herrn, den Dabei. Er war ein echtes Münchner Unikum. Das Frauchen Anne hat viel über ihn gelacht.

Kannst du dich erinnern?

Er hatte einen Gartenteich aus Beton. Pünktlich am Karfreitag wurde dieser gesäubert, bekam einen neuen himmelblauen Anstrich und wurde mit frischem Leitungswasser gefüllt. Am Ostersonntag kam dann der Dabei mit einer großen Glaskugel in der Hand. In dieser schwammen fünf Goldfische. Diese wurden in den Gartenteich gesetzt, und die ganze Familie stand davor und freute sich ob des Getümmels im heimatlichen Gewässer. Doch diese Freude währte nicht lange. Bereits am Ostermontag kam die Katze Molli vom Nachbarn Meier und hat sich vor den Teich gesetzt. Lang hat sie das Spiel der Goldfische beobachtet, sie schien fasziniert von deren behenden Schwimmbewegungen. Dann plötzlich schlug sie wie ein Killer zu. Ein Fisch flog in hohem Bogen aus dem Wasser und landete im Gras. Zwei Minuten später flog der zweite durch die Luft, und er lag genau fünf Zentimeter neben dem ersten. Sie hat keinen gefressen, nur hingelegt und zugesehen, wie die Fische nach Luft schnappten.

Und wenn sie sich nicht mehr bewegten, ging sie nach Hause. Der Abend darauf war furchtbar. Der Dabei kam mit einem großen Knüppel gelaufen und hat geschrien, Saukatz, miserablige, Mistvieh, dreckerts. Ich schwörs, des war des letzte Mal, daß ich mir die Arbeit gmacht hab, dabei, mit dem Weiher, dabei. Am anderen Tag hat die Molli ihm dann zum Dank noch die restlichen drei Fische in die Wiese gelegt.

Da war der Dabei so bös und hat den Garten acht Tage lang nicht mehr betreten. Doch als ein Jahr später Ostern nahte, der Karfreitag herankam, säuberte er pünktlich den Weiher, strich ihn wieder Hellblau und setzte seine fünf Goldfische ein – mit demselben Resultat. Meiers Molli kam genauso pünktlich und killte die Goldfische. Im dritten Jahr konnte ich es nicht mehr mit ansehen.

Als das Ritual wieder begann, lag ich am Fenster und sah hinaus; das Einsetzen der Fische, die Freude der Familie über die lustigen Tierchen. Und ich erspähte, was der Dabei nicht bemerkte: die Molli auf dem Garagendach, die ihn beobachtete. Die Fische würden bald wieder ihr Leben ausgehaucht haben, wenn ich nicht eingriff. Da hab' ich so lange gebettelt, bis ich rausdurfte und hab' die Molli immer wieder gejagt. Sie ist auf die Bäume gesprungen und hat gefaucht. Aber ich hab' nicht aufgegeben, obwohl ich furchtbaren Respekt vor ihr hatte. So ist es wenigstens in jenem Jahr gelungen, das Leben im Weiher zu erhalten.

Aber das war leider nur einmal. Denn: ob du es glaubst oder nicht, eines Morgens wollte ich in den Garten stürmen und die Molli wieder jagen. Doch da passierte etwas Fürchterliches. Kaum war ich in die Nähe des Garagendaches gekommen, stürzten sich von diesem die Molli und zwei große Kater auf mich. Nicht genug damit, es kam auch noch vom Vordach des Nachbarn eine Katze und sprang mir ins Kreuz. Ich schrie wie am Spieß. Ich glaubte, mein letztes Stündchen wäre gekommen und mein Frauchen würde mich nie mehr lebend wiedersehen. Sie haben mich gebissen und mit ihren Krallen bearbeitet, daß ich furchtbar geblutet habe, und sie hätten mich wohl zerfleischt, wenn mein Frauchen nicht endlich schreiend, nur mit Nachthemd und Lockenwicklern bekleidet und den Küchenbesen wild über sich schwingend, gekommen wäre und diese Mörder vertrieben hätte. »Flori«, sagte sie, »es geschieht dir recht, warum jagst du auch immer die Katze!«Ich konnte ihr nicht begreiflich machen, daß ich ja nur die Fische vom ›Dabei‹ schützen wollte. Ich war wüst zugerichtet, und mein Frauchen mußte mit mir zum Tierarzt. Zu diesem Menschen, als ob das Ganze nicht schon sowieso schlimm genug gewesen wäre!

Ich habe gleich drei Spritzen auf einmal bekommen, und der Arzt sagte, daß ich unwahrscheinlich viel Glück gehabt hätte, daß meine Augen noch heil waren. Ich könnte blind sein! Diese Molli, sie muß ihren Kumpanen gesagt haben, daß ich sie jage, da haben sie sich zusammengerottet, um mir den Garaus zu machen. Von da an habe ich mich besonnen und nie mehr eine Katze gejagt, obwohl ich sie alle haßte. Wedelten sie doch scheinheilig mit dem Schwanz, wenn ich auf sie zukam. Wollte ich aber spielen und wedelte ebenfalls, blieben sie plötzlich sitzen, stellten sich gegen mich und fauchten. Verstehe einer diese Viecher!

»Das habe ich auch noch erlebt«, sagte Tuxi. Der arme Dabei. Und auch Nana kenne ich noch. Ich wollte ihr einmal einen Knochen abnehmen, da hat sie geknurrt und gekeift wie ein feuerspeiender Drache. Da hab' ich ihr den blöden Knochen gelassen. Denn das hab' ich nicht nötig. Ich bin dann immer stolz erhobenen Hauptes an ihr vorbeigegangen, und wir haben uns nur noch verstohlen eines Blickes gewürdigt.

Mit den Katzen hatte ich nicht solche Probleme wie du. Mein Jungfrauchen hatte nämlich auch zwei. Wenn ich auf dem Sofa bei ihr lag, dann kamen sie geschlichen, beäugten mich, zogen immer engere Kreise um mich. Da wurde es mir unheimlich und ich hab' ständig geknurrt. Und siehe da, diese Biester hatten Respekt. Sie legten sich einen Meter vor mich hin und verhielten sich ruhig und schliefen. Auch ich hab' diesen Abstand immer respektiert und bin nie näher herangegangen. Und so kamen wir eigentlich ganz gut miteinander aus.

Der Dabei, ja, das Frauchen hatte viel Spaß mit ihm. Aber wenn das Frauchen über ihn gelacht hat, hat das Herrchen immer beschwichtigend auf sie eingeredet.

»Sei ruhig, sei ruhig, er ist ein guter Mensch, lach' nicht

über ihn. Vielleicht ist er ein wenig kauzig, aber sonst ist er in Ordnung. Lach ihn nicht aus.«

Da hat mein Frauchen Anne aber noch mehr losgeprustet. Flori war im schönsten Fahrwasser und schwelgte nur so in Erinnerungen. »Einmal hab' ich einen furchtbaren Aufruhr ausgelöst. Bis heute habe ich nicht begriffen, warum.«

Flori und der Sex

Es war so, daß ich immer sehr gerne mit Gummi-quietschis spielte. Ich konnte mich stundenlang damit beschäftigen. Einmal hatte mir mein Herrchen einen Quietschstiefel mitgebracht, mit einem kleinen Loch im Rist, was zur Folge hatte, daß er nicht nur einmal quietschte, sondern mir immer noch ein halbes Mal hinterheräffte. Dieses Nachäffen ärgerte mich derma-ßen, daß ich ihn am liebsten zerfleischt hätte. Doch ich brachte ihn einfach nicht kaputt.

Eines Tages läutete der Briefträger und brachte ein Päckchen. Es war für die Nachbarin bestimmt, und mein Frauchen nahm es für diese an. Sie legte es auf das Garderobenschränkchen und ließ mich wieder einmal für einen halben Tag allein, weil sie arbeiten mußte. Es war furchtbar langweilig. Schlafen konnte ich nicht, denn aus dem Päckchen strömte mir ein bekannter Geruch entgegen. Es erinnerte mich an diesen quiekenden Stinkstiefel. Ich baute ein Männchen, um besser schnuppern zu können und stellte fest, daß es leicht zu erreichen war. Ob Frauchen sehr böse war, wenn ich nachsah, was da so duftete? Ich wollte es riskieren. Meine Neugier war zu groß. Wenn es nach Gummi roch, gehörte es sowieso mir. Und ob ich es jetzt bekam oder erst später, wenn Anne wieder da war, war ja schließlich gleichgültig. Ich zog und zerrte, bis ich das Päckchen hatte. Es war harte Arbeit, die Verpackung kleinzubekommen. Prospekte mit unappetitlichen Bildern fand ich als erstes. Ich beschloß, sie zu vernichten und zerriß sie genüßlich. Doch was ich dann fand, war toll. Einen Gummikolben mit einer Schraube daran. Ich hab's ja gewußt, es war doch ein Spielzeug für mich. Gerade handlich zum Herumtragen. Leider quiekte er nicht. So sehr ich ihn auch bearbeitete, er gab keinen Ton von sich. Irgendwie erinnerte mich dieses Ding an etwas, was ich schon einmal wo gesehen hatte. Aber es fiel mir nicht ein. Ich trug den Kolben erst einmal in den ersten Stock, unters Bett von Anne, damit ihn mir keiner mehr wegnehmen konnte. Dann fand ich noch zwei Bücher, sie rochen auch komisch, und da hab' ich sie ebenfalls zerlegt. Keines gab auch nur einen kleinen Laut von sich. Auch war da noch Pudding in einer Tube. Es mußte Pudding sein, denn es roch unwahrscheinlich süß. Obwohl, mein Frauchen hatte auf ihrem Toilettentisch ähnliche Tuben. Damit behandelte sie am Abend immer ihre

Füße. Aber an diese Cremes – wie sie sie nannte – durfte ich nicht heran. Mutig hab' ich die Dose aufgebissen und genascht. Es schmeckte gut. Keine Frage – es war Pudding. Die Zeit ist vergangen wie im Flug. Ich holte den Kolben doch wieder vom ersten Stock herunter und bewachte ihn. Ich muß eingeschlafen sein, denn ich bemerkte gar nicht, daß es bereits dunkel geworden war. Das Klappern des Schlüssels an der Haustüre schreckte mich auf. Mein Frauchen war zurückgekommen.

Sie sperrte die Haustüre auf, und ich stürzte wie immer, Zärtlichkeiten heischend, auf sie zu. Aber o weh, sie hatte nur den Flur im Auge. Sie sah das zerfledderte Papier, und dann fiel ihr Blick auf das Gummiinstrument. Da hat sie ganz schnell die Türe hinter sich zugemacht und geschimpft: »Flori, bist du denn verrückt. Das Päckchen gehört doch gar nicht uns. Ich habe es nur für die Nachbarin angenommen. Um Gottes willen, was hast du gemacht?«

Da ist mir richtig schlecht geworden. Ich weiß nicht, war es der Pudding oder das bevorstehende Donnerwetter, und ich hab' mich ganz schnell unter der Garderobe versteckt. Anne hat alles eilig zusammengeklaubt, hat sich auf den Stuhl fallen lassen und den Kopf in die Hände gestützt. Ich bin an ihr hochgesprungen und hab' gebettelt, daß sie mich wieder liebhat. Sie hat mich auf den Schoß genommen und gesagt:

»Flori, eigentlich könnte ich dich erwürgen. Aber was passiert ist, ist passiert. Jetzt müssen wir sehen, wie wir die Sache wieder geradebiegen. Was die Leute auch für einen Mist bestellen!«

Sie telefonierte lange mit einer Firma Uhse in Flensburg.

»Mein Flori«, sagte sie, »hat das Paket von der Frau Bleibtreu ausgepackt und demoliert. Bitte schicken Sie alles noch einmal der Dame zu. Ich bezahle selbstverständlich die Rechnung für den von meinem Hund verursachten Schaden.«

Am Schluß lachte sie aber doch ein paarmal herzlich mit der Dame am anderen Ende des Telefons.

Von da an hat mein Frauchen die Frau Bleibtreu nicht mehr so unbefangen gegrüßt wie sonst. Irgend etwas war anders in der nachbarlichen Beziehung geworden. Frau Bleibtreu hat nie erfahren, daß das Paket schon einmal bei uns gelandet war. Mit dem Gummikolben durfte ich aber nicht mehr spielen. Mein Frauchen hat ihn in den Müll geworfen, dabei war er ganz neu, und ich hätte ihn noch lange durchs Haus tragen können. Auch hätte ich ihn sehr gern einmal Nana gezeigt.

Alle drei saßen sie jetzt auf der Wolke, die trotz Himmelszugehörigkeit langsam zu wandern begann. Tuxi und Flori konnten ihr so sehr geliebtes Frauchen jetzt deutlich sehen. Sie schmückte gerade mit Herrchen den Weihnachtsbaum und in den Augen der beiden war ein seltsamer Glanz. Und dieser neue Dackel war auch dabei! Er lag auf dem Sofa, und immer, wenn Frauchen nicht hinsah, stibitzte er von den köstlichen Butterplätzchen, die auf dem Tisch standen. Flori seufzte:

»Herrje, wau.« Er war zufrieden im Himmel. Aber diese Plätzchen waren früher seine große Leidenschaft gewesen. Er erinnerte sich nur zu gut und hätte zu gerne jetzt eines davon gehabt.

»Sie feiern Weihnachten«, sagte Tuxi.

Flori meinte dazu: »Das war das Fest mit dem Baum mitten im Zimmer, der so herrlich roch, aber den man nicht anpinkeln durfte.«

Tuxi sah ihn fassungslos an.

»An diesem wunderbaren Baum hingen immer Wiener Würstchen für mich, und zwar so, daß ich sie mir selbst holen konnte«, sagte Tuxi. »Ja, ja, für mich auch«, fügte Flori schnell hinzu. Keinesfalls sollte Tuxi denken, daß er nicht auch mit dieser Leckerei bedacht worden war.

Ereignisreiches Weihnachten

Weißt du, Flo, einmal durfte ich den Christbaum mit meinem Herrn zwei Tage vor dem Fest im Wald holen. Es lag Schnee, und mein Herrchen ging mit mir zu einer Schonung. Ich war ohne Leine und sprang und hopste lustig voraus. Plötzlich hatte ich eine Spur. Sie roch nach diesen großen, braunen Tieren, die die Menschen Rehe nennen. Herrchen hatte mich gerufen. Doch ich tat so, als hörte ich ihn nicht. Ich mußte dieser Spur hinterher. Bald hatte ich ein Rudel Rehe aufgestöbert. Sie lagen im Dickicht. Als ich näher kam, stoben sie wild auseinander. Dabei fiel der Schnee in Massen von den Sträuchern und hat kleine Tannen und mich unter sich begraben. Es wurde schwarz und dunkel um mich. In diesem Augenblick habe ich die großen Hunde um ihre langen Beine beneidet. So sehr ich auch zappelte und strampelte, ich kam nicht aus dem Schneehaufen heraus. Im Gegenteil, ich grub mich immer tiefer hinein. Ich konnte gar nicht mehr richtig schnaufen und gab es schließlich auf zu graben. Ich fror jämmerlich. Eigentlich wollte ich doch nur mit Herrchen den Baum holen und dann diese blöde Spur! Was tun, wenn Herrchen mich nicht fand? Da habe ich meine ganze Kraft zusammengenommen, versucht zu bellen und wieder zu graben. Wurde es nicht etwas heller um mich? Da spürte ich plötzlich die Hand von meinem Herrchen. Er hatte mich mit bloßen Händen ausgegraben. »Tuxi, meine Tuxi«, hat er gesagt und hat mich hochgenonmmen und an sein Herz gedrückt. Ich duckte mich zusammen, wollte die Schelte, die jetzt sicher kam, über mich ergehen lassen. Doch er war ganz ruhig und hat mich nur noch fester an sich gedrückt. »Dein Herzchen rast ja«, sagte er und setzte mich vorsichtig ab. Da hab' ich mich ganz brav verhalten und bin keinen Schritt mehr vorausgegangen. Das Herrchen hat einen Baum abgesägt, und wir sind schweigend und nachdenklich nach Hause marschiert. Als am Abend der Baum geschmückt im Zimmer stand, er war noch nie so schön und glitzerte und strahlte nur so im Kerzenlicht, war ich doch sehr froh, daß mich mein Herrchen gefunden hatte. Ich schielte von unten mit gekonntem Dackelblick nach meinen Würstchen. Sie hingen wirklich daran. Während mein Herrchen und Frauchen »Stille Nacht – heilige Nacht« sangen, schlich ich mich hin und nahm sie vorsichtig ab, um sie gleich darauf meinem Herrn vor die Füße zu legen. Er hatte sie verdient. Ich wollte gern verzichten. Er sah mich mit einem merkwürdigen Blick an. Dann hat er eine Wurst genommen, und als Frauchen mal schnell in die Küche ging, auch verspeist. Die andere Wurst gab er mir, und ich habe sie mir, im völligen Einklang unserer Seelen, schmecken lassen.

Doch wenn du glaubst, daß dieses Weihnachten damit friedlich vorüber war, irrst du dich. Während im Kamin die Buchenscheite lustig prasselten, saßen wir alle drei auf dem Sofa, ich natürlich in der Mitte, und naschten von diesen herrlichen Butterplätzchen, die Anne extra für dieses Fest gebacken hatte. Weihnachten war das einzige Mal im Jahr, wo ich mich an diesen Köstlichkeiten satt essen durfte. Doch da läutete plötzlich das Telefon. Dies war ungewöhnlich, denn der Abend war schon ziemlich weit fortgeschritten. Anne sah Eddie an und meinte: »Nanu, um diese Zeit, wer kann denn das sein?« Sie erfuhr es umgehend. Aufgeregt kam sie zurück und sagte zu Eddie: »Stell dir vor, da hat eben das Tierheim angerufen, es sind heute abend fünf Dackelwelpen geboren worden, und die Mutter ist dabei gestorben. Ist das nicht schrecklich? Das Heim fragt an, ob unsere Tuxi nicht scheinträchtig ist, denn die Kleinen brauchten eine Amme.«

Eddie lief in die Küche, holte den Kalender vom Haken und rechnete nach.

»Unsere Tuxi ist erst in zehn Tagen dran«, sagte er.

»Das wird nicht klappen.«

Die beiden berieten, was man tun könnte und kamen auf die Idee, über Funk nach einer Amme zu suchen. Mein Frauchen glaubte hyperallergene Kindernahrung würde die Kleinen retten. Sie wüßte dies aus Erfahrung und rief noch einmal im Tierheim an. An diesem Abend gab es kein anderes Gesprächsthema mehr, und ab 23 Uhr ertönte es bereits stündlich aus dem Radio, daß eine Amme für fünf am Heiligen Abend geborene Dackel gesucht würde. Doch der Aufruf war vergeblich.

Am ersten Weihnachtsfeiertag nahm mich mein Frauchen auf den Arm und trug mich zum Auto. »Tuxi«, sagte sie, »jetzt gehen wir uns die Kleinen einmal ansehen. Vielleicht kannst du sie ja gut leiden.«Wir fuhren zum Tierheim. Überall bellten verlassene und ausgesetzte Hunde in ihren Zwingern. Da bekam ich es mit der Angst zu tun. Vielleicht waren die Welpen nur ein Vorwand, und Anne wollte mich hierlassen. Ich bekam einen Zitteranfall. Es hat mich nur so geschüttelt. Wir gingen in die Küche, wo in einem elektrischen Backofen die Kleinen lagen. Eng aneinandergekuschelt schliefen sie. Sie taten mir sehr leid. Eine junge Frau nahm eines heraus und versuchte ihm mit einer winzig kleinen Flasche eine weiße Flüssigkeit einzuflößen. Anne meinte, sie wolle gern mithelfen, die Kleinen großzuziehen und ob sie eines mit nach Hause nehmen solle. Sie hätte jetzt gerade drei Wochen

Urlaub. Das Fräulein aber sagte, es wäre besser, sie blieben erst einmal zusammen. Ich durfte die Welpen beschnuppern. Sie rochen nach Backofen. Wenn nur die anderen Hunde nicht so gekläfft hätten. Ich wollte so schnell wie möglich wieder weg.

Anne sagte: »Ich komme noch einmal in ein paar Tagen mit meiner Tuxi her. Vielleicht hat sie dann weniger Angst.« Ja, und so kam es. Als Weihnachten und Neujahr vorbei waren, gingen wir die kleinen Dackel besuchen. Sie waren jetzt schon tüchtig gewachsen. Ich saß wieder in dieser Küche und fing vorsichtshalber auch wieder zu zittern an. Die Kleinen kamen nämlich mit viel Gepiepse auf mich zugekrochen. Sie quiekten wie meine Gummikinder.

Die Dame vom Tierheim erzählte meinem Frauchen, daß alle schon einen guten Platz hätten. Mit dreizehn Wochen würden sie abgegeben. Aber das soziale Verhalten müßte ihnen eben die Mutter beibringen, und diese fehle ganz einfach.

»Wir kommen wieder«, meinte Anne.

Dann gingen wir unter heftigem Protestgebell der anderen Hunde nach Hause.

Anfang Januar wurde ich wieder mal unpäßlich und durfte während dieser Zeit nur an der Leine mit Anne spazierengehen. Dabei hätte ich dringend den Bonzo besuchen wollen. Er war der Hund vom Jäger. Er saß jede Nacht vor unserer Haustüre und sang mir seine Liebeslieder vor. Einmal hatte er sich sogar einschneien lassen und war bis früh um sechs dagewesen. Dann kam sein Herrchen und hat ihn geholt und auch noch furchtbar geschimpft. Ich mußte immer mehr an die Kleinen denken und fand bei Tag und Nacht keine Ruhe mehr. Sie konnten doch nicht ewig in diesem Backofen leben, und so beschloß ich, in den nächsten Tagen etwas dafür zu tun. Ich suchte im ganzen Haus nach einem geeigneten Platz, wo man sie verstecken konnte. Eigentlich kam dafür nur der große Bauernschrank im Wohnzimmer in Frage. Hier hob Anne ihre Wollknäuelreste auf, das angefangene Strickzeug lag da und eine Kamindecke. Ich setzte mich vor den Schrank, weinte und bettelte, bis Anne ihn schließlich geöffnet hat. Ich sprang hinein und legte mich erst einmal ganz brav schlafen. Als Anne in die Küche ging, fing ich an, ein Nest zu bauen. Die Nadeln aus dem Strickzeug habe ich selbstverständlich herausgezogen, die taten ja weh. Das angefangene Rückenteil konnte ich aber gut gebrauchen, und ich arbeitete es in die Mitte des Nestes. Diese Wollreste waren ja bestimmt das Paradies für die Kleinen. Und dann noch diese kuschelige Decke. Ich habe mich in das Bettchen gelegt und angefangen zu weinen. Anne kam und versuchte mich zu beruhigen.

»Tuxi, ich weiß schon, du möchtest Babys haben, aber schau, ich muß arbeiten, und die Kleinen brauchen nicht nur dich, sondern beanspruchen auch mich.

Das geht doch nicht.«

Ich ließ mich nicht beruhigen, sondern jaulte jämmerlich weiter.

Sie nahm mich aus meinem Nest auf den Arm und jetzt sah sie die Bescherung. Das halb aufgetrennte Strickzeug und die Wollreste, die ich eingebaut hatte, und sie rief nach Eddie. Dieser kam, besah sich meinen Bau und schimpfte nicht einmal, sondern streichelte mich sogar. »Ich arbeite die nächsten Wochen ja zu Hause«, sagte Eddie. »Ruf doch noch einmal im Tierheim an. Vielleicht nimmt die Tuxi jetzt eines von den Waisen an.«

Anne hat mich auf den Boden gesetzt, und ich bin gleich wieder in den Schrank geflitzt. Dort schlief ich die ganze Nacht. Am anderen Tag gingen die beiden fort und ließen mich allein. Als sie zurückkamen, hatten sie zwei kleine Dackel aus dem Weihnachtswurf mitgebracht. Sie sagten, die Kleinen hießen Max und Moritz. Ich mußte erst einmal aus meinem Schrank heraus und mitsamt meinem Hundekorb in die Küche, weil dies der einzige Raum im Haus war, der einen gefliesten Boden hatte. Dort habe ich die beiden ausführlich beschnuppert. Sie rochen komisch, noch immer nach diesem Ofen. Da hab' ich sie erst einmal sauber geleckt, und jetzt hatten sie endlich den Geruch von kleinen Hunden.

Frauchen hat sie mir an die Brust gelegt und zusätzlich noch viele Fläschchen gekocht. Eddie mußte lernen, wie man die Burschen fütterte. Aber nicht lange, denn nach zwei Wochen hatte ich soviel eigene Nahrung, daß ich auch noch die anderen Waisen hätte mitversorgen können. Doch diese beiden Racker reichten mir. Sie hatten keinerlei Erziehung. Ich mußte sie mehrmals täglich kräftig durchschütteln, sie lehren, daß man sein Geschäftchen nicht im Korb, sondern außerhalb verrichten mußte. Eddie lief den ganzen Tag mit dem Putzlappen herum. Dann wieder nahm er einen Stuhl und setzte sich vor uns hin, um den beiden beim Spielen zuzusehen. Sie kugelten übereinander hinweg, bissen sich in die Ohren und Schwänze, glaubten, ich sei ein Berg, den sie ununterbrochen besteigen mußten. Wenn es mir zuviel wurde, habe ich mich in den Bauernschrank zurückgezogen. Doch da kamen sie bald hinterher, saßen außen und quengelten. Der Einstieg war aber zu hoch, sie kamen nicht hinein. Da mußte ich heraus und hab' sie am Genick gepackt und reingeworfen und auch wieder rausgesetzt, wenn es nötig war. Eddie hatte dick Zeitung vor den Schrank ausgelegt, damit nichts Unrühmliches passiert. Und, das muß ich sagen, er hat sich rührend um die Kleinen gekümmert. Kaum waren sie aus dem Schrank, kam er und setzte sie in den Garten, wo sie ihr Geschäftchen machen konnten. In die Küche gingen wir nur noch selten. In dem Schrank hatte man wenigstens ein Dach über dem Kopf. Das war viel sicherer und besser.

Das ging so acht Wochen lang. Anne hatte uns viel fotografiert und gemeint, daß der Bauernschrank eine Fundgrube für einen Fotografen sei. Max und Moritz wurden immer größer und frecher. Sie bekamen Zähne und bissen bei ihren Mahlzeiten ziemlich kräftig zu. Ich hatte oft richtig Angst, wenn sie zum Essen kamen. Sie machten mittlerweile das ganze Haus unsicher. Ihr Drang nach Freiheit wurde immer größer, und so war ich gar nicht so böse, als die Kleinen, die ja bereits gute Plätze in Aussicht hatten, abgeholt wurden. Mir wurde versichert, daß ich sie jederzeit einmal mit Anne besuchen könne, damit wir uns überzeugen konnten, daß es ihnen gut gehe. Und an Pfingsten haben wir dies auch getan. Beide hatten einen Garten, wo sie herumtollen konnten. Max war bei einer Familie mit zwei Kindern und deren bester Freund und Moritz lebte bei einem Förster, der ihn später mit auf die Jagd nehmen wollte.

Das ist ja unwahrscheinlich, was an einem solchen Weihnachtsabend alles passieren kann, meinte der Zirkushund. Ich verbrachte meine Weihnachtsabende meist mit meinem Herrn allein im Wohnwagen. Ein geschmückter Zweig über der Türe und eine große Kerze auf dem Tisch waren die einzigen Gegenstände, die an das Fest erinnerten. Denn Weihnachten hatten wir Hochsaison. Da gab es nachmittags und abends eine Galavorstellung. Das bedeutete viel Arbeit. Doch am Heiligen Abend war auch bei uns Ruhetag. Da gab der Herr Direktor ein großes Essen, und davon brachte mir mein Herr immer etwas mit. Meist einen Gänseschlegel. Wie er an den gekommen ist, weiß nur er. Aber er konnte auch ein bißchen zaubern, und bestimmt war es kein großer Trick, den Schlegel vom Tisch in die Jackentasche zu bekommen. Mir aber hat er köstlich geschmeckt.

Flori ließ seine Dackelohren, oder das, was er dafür hielt, hängen. Fast wäre er ein bißchen eifersüchtig auf die Erzählung von Tuxi geworden. Und dieser Zirkushund gab auch noch was zum besten, als ob der auch schon etwas zu sagen hätte.

»Ich kann dir auch von einem Weihnachten erzählen, und zwar wie es kam, daß mein Frauchen nackt unter dem Christbaum stand.«

»Nackt? An Weihnachten?« Tuxi sah ihn ungläubig an. Manchmal gab er mehr an als dieser Zirkushund mit seinen Kunststücken. Prompt versuchte dieser im selben Augenblick im Handstand auf der Wolke zu laufen. »Spinner«, war Floris Kommentar.

»Und doch ist es wahr«, beharrte er trotzig. »Ich will nie mehr in den Himmel zurück, wenn es gelogen ist.«

Diese Aussage beeindruckte die beiden Hunde sichtlich. Tuxi sah ihn liegend mit einem umwerfenden Blick an. »Ich bin gespannt.«

Sie schloß die Augen und wartete. Nur nicht zeigen, wie sehr sie die Geschichte wirklich interessierte.

»Wenn dieser Bastard mit seinem Herumgelaufe aufhört, fange ich an.«

Flori bellte dreimal laut in Richtung des Zirkushundes, und dieser legte sich brav neben die Hündin.

Die nackte Anne

»Während mein Herrchen am Heiligen Abend den Baum schmückte, ging mein Frauchen mit mir spazieren. Es dämmerte bereits. Den ganzen Tag über hatte es leicht geschneit. Ich tobte vor ihr her, Schneeflocken fangen. Wir gingen Richtung Friedhof. Frauchen band mich am Tor an, lieferte einen kleinen Tannenbaum ab und kam mit verklärtem Blick wieder zurück.

»Schau mal, Flo, wie wunderbar es hier ist.« Sie hob mich hoch, und ich konnte in den Friedhof und auch darüber hinwegsehen.

Die Gräber waren geschmückt mit Gestecken und kleinen Tannenbäumen, auf denen Kerzen brannten. Ihr im Wind flackerndes Licht beleuchtete den Schnee auf eine wunderbare Weise.

»Was für ein Friede auf der Welt sein kann. Alles ist so feierlich«, philosophierte Anne.

»Und der See, schau, er liegt ganz still da, und die Berge fügen sich harmonisch ein in dieses Bild. Es ist so, als warte die ganze Welt auf das Wunder der Heiligen Nacht. Das muß ich unbedingt dem Herrchen zeigen.«

Gesagt – getan! Wir gingen zurück, und Frauchen bat das Herrchen mitzukommen, um den Weihnachtsfrieden zu sehen, wie sie es nannte.

Eddie schlüpfte in seine Jacke, und ab ging's. Wir gingen den Weg noch einmal bis zum Friedhof. Beide sahen über die Mauer und waren gefangen von dieser Kulisse und dem Glanz dieses Abends. Ich aber wollte jetzt endlich heim, sah schon den Weihnachtsbaum mit den Wurstleckereien vor mir und fing laut zu bellen an. Auch hatte ich bereits Eisklumpen am Bauch und fror entsetzlich. Doch was dann kam, war unglaublich.

Herrchen hatte wieder einmal in der Eile den Schlüssel von innen an der Haustüre stecken lassen. Es war dies nicht das erste Mal. Es passierte ihm immer wieder. Meist half dann der zehnjährige Sohn eines Nachbarn aus. Er schlüpfte durch den Lichtschacht in den Keller und konnte dann von innen die Türe öffnen. Ein paarmal hatte es auch mein Frauchen geschafft, in den Schacht und dann von da aus wie eine Schlange durch das kleine Kellerfenster zu klettern. Sie hatte dabei immer furchtbar auf das Herrchen geschimpft und gesagt, daß er kein Hirn habe.

Und jetzt muß ich noch weiter ausholen. Es war

schon einmal in dieser Richtung ein großes Malheur passiert. Eddie hatte sich mal wieder ausgesperrt und mutig selbst probiert, durch das Loch in den Keller zu klettern. Frauchen war nicht zu Hause, und sie sollte gar nichts davon wissen. Doch weit gefehlt. Er ließ sich mit den Füßen voran in den Schacht gleiten, brachte diese auch noch durch das Kellerfenster, doch dann steckte er plötzlich mit dem Bauch fest. Es war furchtbar. Man sah nur noch seinen Kopf aus dem Lichtschacht ragen, den er nach allen Seiten drehte, um nach Hilfe zu sehen. Dann schrie er mit hochrotem Gesicht: »Hilfe!, Hilfe!« Ich saß im Blumenfenster und habe alles beobachtet und wußte nicht, was ich tun sollte. Da hab' ich zu bellen angefangen und nicht mehr aufgehört. Irgend jemand mußte doch kommen. Und es kam jemand. Der Briefträger sah es. Er hatte ein paar Häuser weiter geläutet. Es wurde geöffnet, und er ist im Haus verschwunden. Ich bellte weiter. Doch da kam mit Tatütata die Feuerwehr. Und ein Auto mit einem großen roten Kreuz darauf kam auch. Aus diesem sind zwei Männer mit einem Koffer gesprungen und haben sich um mein Herrchen bemüht. Dann haben die Männer von der Feuerwehr dem Eddie einen Gurt durch die Schultern gezogen, an dem ein Riesenhaken angebracht war. Das Feuerwehrauto kam ganz nah herangefahren, und mein Herrchen wurde dann an einem Galgen eingeklickt und langsam aus dem Loch gehievt. Just in diesem Moment, als er wie ein armer Sünder am Haken hing und verzweifelt versuchte, wieder festen Boden unter die Füße zu bekommen, bog mein Frauchen um die Ecke. Sie hatte bestimmt gedacht, das Haus brennt, als sie die Feuerwehr sah. Sie war sehr blaß, als sie ausstieg und mehr taumelnd als gehend auf das Haus zustrebte. Doch beim Näherkommen erkannte Anne mit einem Blick die Situation. Sie hatte mein Herrchen nur ganz kurz angesehen. Dann ist sie zu der Haustür gegangen, wo sich mittlerweile ein Mann vom Schlüsseldienst zu schaffen machte. »Die Rechnung bezahlt mein Mann«, sagte sie. »Damit er sich's endlich merkt. Das ist jetzt in zwei Jahren das dritte Schloß.«

Als endlich die Haustüre auf war, bin ich vom Fensterbrett gesprungen und hab' den Schlüsseldienstmann ins Bein gezwickt. Er hat geschrien: »Hoffentlich ist Ihr Köter versichert.«

Dann bin ich zur Haustür raus und zu meinem Herrchen gerannt, denn der brauchte ja dringend meinen Trost.

Ja, und um wieder auf diesen Weihnachtsabend zurückzukommen. Jetzt war es also wieder einmal soweit. Mein Frauchen stand fassungslos vor der verschlossenen Türe. Ihr eigener Hausschlüssel nützte natürlich nichts. Die Tränen traten ihr in die Augen. »Hier können wir nicht stehen bleiben«, sagte sie. »Da erfrieren wir ja alle. Außerdem feiert bereits jeder Weihnachten, und ich möchte niemanden stören.«

Sie nahm mich hoch, sagte: »Armer Hase« – was mich ärgerte, denn ich war ja ein Dackel – und gab mich an Herrchen weiter. »Halte ihn, er friert ja mit seinem Eisbauch«, sagte sie.

Herrchen hielt mich an sich gepreßt. Anne aber zog sich aus. Sie hatte dicke Wollsachen an, die sie bei ihrem Einsteigversuch nur gestört hätten. Auch hatte sie neue Unterwäsche an, die sie schonen wollte. Also entkleidete sie sich bis auf Hemd und Höschen. Dann nahm sie das Gitter vom Lichtschacht und ist, sich wie eine Schlange bewegend, eingestiegen. Ein Gestell zum Wäschetrocknen stand vor dem Fenster im Keller. Sie mußte es erst umwerfen, damit ihre Füße Platz fanden. Langsam glitt sie weiter, schrie aber auf vor Schmerz. Ich glaube, sie hat sich sehr weh getan.

Anne öffnete dann von innen die Haustüre und ging ins Wohnzimmer voran. Dabei hat sie auch noch die letzten beiden Kleidungsstücke von sich geworfen.

»Sieh her, wie ich aussehe«, sagte sie, an mein Herrchen gewandt. Der sah sie halb fassungslos, halb fasziniert an, lief aber sogleich nach einem Mittel. Ich glaube, es hieß Jod. Es roch auf jeden Fall fürchterlich. Eddie hat es ihr auf die zerschundenen Stellen getupft. Und so kam es, daß Frauchen nackt unter dem Christbaum am Boden saß und den Kopf in den Händen vergrub. Es verging einige Zeit, bis sie sagte: »Es ist Weihnachten, vergessen wir das Ganze und gehen wir zum gemütlichen Teil über.« Sie erhob sich, ging ins Schlafzimmer und zog sich schnell neu an.

Es ist dann doch noch ein sehr schönes, friedliches Weihnachten geworden. Eddie hat Anne jeden Wunsch von den Augen abgelesen. Sie saßen zusammen auf dem Sofa, und Herrchen hatte seinen Arm um sie gelegt. Das konnte ich natürlich nicht zulassen und habe mich dazwischen gedrängt. Zum Schluß hätten die beiden noch vergessen, daß es mich überhaupt gab.

»Das ist eine schöne Geschichte«, sagte Tuxi. »Aber bei dem Auto mit dem großen roten Kreuz darauf, fällt mir auch eine Begebenheit ein, die muß ich euch erzählen.«

Der Zirkushund gähnte, er war hier nur geduldet, doch er hätte auch etwas zum besten geben können. Na ja, vielleicht durfte er noch? Bald mußte es wieder soweit sein, daß man das Frauchen auf Erden sehen konnte. Jetzt lagen sie alle drei nebeneinander auf der Wolke und sahen über deren Rand hinab auf die Welt.

» Schieß los!« sagte Flori.

Der gebrochene Fuß

An einem Sonntag im September läutete es, und meine Freundin Hexi kam mit ihrem Frauchen, um uns zum Spaziergang abzuholen. Hexi war ebenfalls eine reinrassige Langhaardackelhündin. Ich kannte sie schon von klein auf, als sie noch eine Welpin war. Praktisch habe ich sie mit aufgezogen. Sie war mein Wesen, das ich ganz nach meinen Wünschen geformt habe.

Es hatte die ganze Woche geregnet, der Waldboden war naß und aufgeweicht. Jetzt endlich spitzte ein wenig die Sonne heraus. Mein Frauchen wollte, obwohl die Wegverhältnisse schlecht waren, über die Wiese in den Wald. Der Sonnenschein, auf den alle so sehnsüchtig gewartet hatten, verleitete sie dazu. Uns war dies nur recht. Hexi und ich sprangen wie die Verrückten voraus. Roch es doch aus dem Unterholz ganz wunderbar nach einem Rehbock.

Unerwartet gingen die beiden Frauen in eine völlig andere Richtung. Sie nahmen einen Trampelpfad, weil dieser nicht so feucht sei, meinte mein Frauchen. Wir hinterher. Plötzlich ein Schrei! Ich sah, wie Anne langsam zu Boden glitt. Frauchen saß in einer Lehmpfütze und konnte nicht mehr aufstehen. Sofort waren wir beide bei ihr und bellten fürchterlich. Hexis Frauchen sagte: »Um Gottes willen, was ist denn passiert?«

»Ich glaube, ich habe mir den Fuß gebrochen«, meinte Anne mit gepreßter Stimme.

»Ich hole Hilfe«, sagte die Nachbarin.

»Tuxi, Hexi, kommt her, an die Leine.«

Wir wurden trotz heftigsten Protestgebelles angehängt. »Denkste, Puppe, mit mir nicht.« Ich habe mich dagegengestemmt, auf den Bauch gelegt und ziehen lassen. Dann bin ich mit viel Mühe aus dem Halsband geschlüpft und zu meinem Frauchen gerannt. Geknurrt hab' ich, damit ich ja nicht wieder an die Leine mußte. Da hat Anne gemeint: »Laß die Tuxi bei mir. Ihr Herrchen übernimmt sie dann schon.«

Die Nachbarin ist mit der Hexi zurück über die Wiese und hat das Herrchen geholt und mit den Sanitätern telefoniert.

Ich aber habe bei meinem Frauchen gesessen und ihr den bösen Fuß geleckt. Dieser wurde immer dicker und ganz blau. Das Herrchen würde schon bald kommen, dachte ich. Doch weit gefehlt. Was denkt ihr, was kam? Ein Auto mit einem großen roten Kreuz. Es fuhr über die Wiese, aber nur halb, denn dann versank es im Morast. Der Motor heulte immer wieder furchtbar auf, und ich wäre zu gerne getürmt. Doch ich mußte ja auf Frauchen aufpassen. Jetzt kamen zwei Männer mit einer Bahre in den Wald gelaufen und wollten mein Frauchen darauf legen. Da hättet ihr mich erleben sollen. Wie eine Furie hab' ich mich aufgeführt. Die beiden trauten sich nicht her, geschweige denn, daß sie mein Frauchen anfassen konnten. Bestimmt hatte Anne große Schmerzen, denn sie verzog immer wieder ihr Gesicht zu komischen Grimassen. Wenn ich die beiden Männer an sie herangelassen hätte, hätten sie ihr bestimmt noch mehr weh getan. Ich war fest entschlossen, sie zu beißen. Doch da tönte eine Stimme durch den Wald.

»Anne, Anne, wo bist du?« Das war das Herrchen mit einer weiteren Nachbarin. Da hat mich Anne losgeschickt und gesagt:

»Such das Herrchen und bring's her.«

Das hab' ich auch gemacht. Als ich zurückkam, lag mein Frauchen auf der Bahre. Beinahe wäre es mir gelungen, einen Sanitäter dafür ins Bein zu beißen. Herrchen hat mich aber beruhigt, und Frauchen hat gesagt:

»Setz die Kleine ins Auto.« Und so konnte ich das weitere Geschehen nur noch von dort aus beobachten und nicht mehr aktiv eingreifen.

Das Auto in der Wiese steckte noch immer fest. Da kam ein zweites Rotkreuzauto angefahren. Das ist dann klugerweise(?) auch wieder schnurstracks in die Wiese gefahren und hat dem anderen Auto versucht zu helfen. Mit dem Resultat: daß nun beide im Schlamm steckten. Mein Frauchen lag noch immer im Wald, nur fünfzig Meter von der Straße entfernt, doch das wußte keiner. Da kam mein Herrchen auf die Idee, dem dritten zum Unfallort fahrenden Sanitätswagen entgegenzulaufen und diesen endlich an die günstigste Stelle zu dirigieren. Nun wurde mein Frauchen aus dem Wald getragen und in das Auto geschoben. Ich war in unser Auto eingesperrt und habe mich fürchterlich aufgeführt. Ich bin wild hin und her gesprungen. Aber das nützte alles nichts. Anne fuhr weg.

Mein Herrchen kam zu mir, und wir sind zusammen nach Hause gefahren. Er hat gesagt: »Sei schön tapfer, Tuxi, das Frauchen muß es jetzt auch sein. Sie bleibt bestimmt für längere Zeit im Krankenhaus. Da müssen wir beide eben allein zurechtkommen.«

Aber die Sache war an diesem Tag noch lange nicht ausgestanden. Ich saß im Auto vor unserem Haus, und mein Herrchen ging auf die Wiese zu den beiden Sanitätswagen. Zu diesen hatte sich mittlerweile ein drittes Gefährt dieser Art hinzugesellt und versuchte, mit einem dicken Seil eines der Autos frei zu bekommen.

Dies schlug aber fehl. Jetzt kam ein Feuerwehrauto und ist in die Wiese gefahren und hat versucht, die Autos wieder flott zu machen. Und siehe da, der Feuerwehr konnten die Rotkreuzwagen nicht widerstehen. Sie wurden angebunden und bewegten sich langsam aus dem Sumpf heraus.

Endlich war auf dieser langweiligen Wiese einmal etwas los. Der Sohn von unserem Nachbarn zur Rechten kam aus dem Haus gelaufen und hat alles fotografiert, um es später Anne zeigen zu können. Und: Wer, glaubt ihr, kam noch? Der Förster.

Als er den ganzen Auflauf sah, dachte er an eine Übung der beiden Mannschaften Rotkreuz und Feuerwehr. Er ist zu den Autos gegangen und hat geschimpft. Ich habe nur Wortfetzen verstanden. Doch sinngemäß sagte er, daß das unmöglich sei. Wenn eine Übung abzuhalten wäre, hätte man zuallererst ihn befragen müssen. Jetzt sei die ganze Wiese kaputt.

Da ist mein Herrchen zu ihm hingegangen und hat das Mißgeschick aufgeklärt. Für mein Frauchen und mich wäre es besser gewesen, wenn es eine Übung gewesen wäre. So aber blieb sie für drei Wochen im Krankenhaus und kam dann mit vier Beinen zurück. Davon waren zwei aus Plastik und begannen bei den Ellenbogen. Sie konnte nicht sehr gut damit laufen und sprach immer von ihren Krücken.

»Wenn du Krücken sagst, muß ich auch an die Schönheitsoperation unseres Herrchens Eddie denken, die ich veranlaßt habe«, sagte Flori.«Du hast die Anne und den Eddie zusammengebracht. Ich aber habe es geschafft, daß sie endlich nach vielen Jahren geheiratet haben. Weißt du, Eddie war für Anne nicht gerade das Schönheitsideal, das sie sich erträumte. Er war etwas kleiner als sie, hatte einen Oberlippenbart, blaugrüne Augen und die Zähne von einem Hasen. Seine Nase war nicht griechisch-römisch, wie Anne sie gerne gehabt hätte, sondern stand vorne etwas in die Höhe.«

»Du bist nicht fair«, sagte Tuxi. Ich fand Eddies Zähne wunderschön, sie erinnerten mich immer an diesen Disneyhasen Bugs Bunny. Aber bitte erzähle!«»Die Geschmäcker sind eben verschieden«, murmelte Flori in seinen Bart und begann.

Der Biß

Es war ein wunderschöner Sommersonntagmorgen. Mein Eddie kochte Kaffee, und Frauchen durfte noch liegenbleiben, weil sie ja die ganze Woche um sechs Uhr früh aufstehen mußte. Er servierte ihr den Kaffee am Bett und ließ mich in den Garten, damit ich mich erleichtern konnte. Dann frühstückten wir drei zusammen unsere Lieblingsspeise Buttersemmeln.

Ich liebte dieses Frühstück einmal in der Woche besonders. Denn nur an den Sonntagen saßen wir alle drei lange und ausgiebig zu Tisch, und die beiden erzählten sich, was die ganze Woche über so los war. Ich wurde immer wieder gestreichelt, baute Männchen und bettelte, bis keiner widerstehen konnte und mir etwas von den Köstlichkeiten, die außer den Buttersemmeln noch auf dem Tisch standen, herunterreichte.

Doch an diesem Sonntag war es nicht wie sonst. Eddie ging in den Keller und holte das Gummiboot. »Flori, du Strick«, sagte er. »Wir machen heute eine Bootsfahrt auf dem Fluß, du darfst mit!«

Was ist denn das nun wieder, dachte ich. Doch es hörte sich interessant an. Eddie pumpte das Boot auf und vertäute es auf dem Autodach. Paddeln und Kissen kamen ins Auto, und Frauchen bereitete die Picknicktasche vor. Ungewöhnlich war, daß sie auch fünf kleine Flaschen Sekt in die Kühltasche stellte.

Wir fuhren zum Fluß und setzten unser Boot ins Wasser. Bei herrlichem Sommerwetter waren wir nicht alleine. Es war ein reger Betrieb auf der Isar.

Wußten die beiden überhaupt, wie gern ich geschwommen wäre? Am liebsten hätte ich mich kopfüber in die Fluten gestürzt. Ich schlug mich rechts in die Büsche, um es zu versuchen. Vielleicht konnte ich ja schnell mal reinspringen. Doch nichts da. »Flori, wo bist du, komm sofort hierher«, ertönte die Stimme von Eddie. Ich mußte mit ins Boot, Anne saß bereits darin. Zum Schluß kam Eddie, und das Boot schwankte gefährlich, als er sich hineinplumpsen ließ. Wir fuhren flußabwärts. Andere Bootsausflügler überholten uns. Es waren zum größten Teil Familien mit Kindern und es ging ziemlich lustig zu.

Wir kamen an einem Nacktbadestrand vorbei, und ich wunderte mich sehr. Mein Herrchen und Frauchen schauten immerzu stur geradeaus, so als bemerkten sie die Badenden gar nicht. Ich aber habe mir alles ganz genau angeschaut und die Menschen beneidet, weil sie sich ausziehen konnten bei 32° im Schatten. Die Sonne brannte unbarmherzig auf mein schwarzes Fell, und ich habe die Hitze fast nicht ausgehalten. Hechelnd habe ich mich auf den Rand des Gummibootes gestellt und mich, so gut es eben ging, festgekrallt. Ab und zu hat uns ein Floß überholt. Darauf ging es ganz toll zu. Eine Musikkapelle war da und wahnsinnig viele Menschen. Diese hatten kaum Platz. Es gab ein großes Bierfaß, und die Leute holten sich dort mit Krügen das Getränk und schütteten es nur so in sich hinein. Dabei sangen sie immer wieder: »Ja, mir san mit'm Radl da«, während die Musikkapelle gleichzeitig »In München steht ein Hofbräuhaus« spielte.

Anne hatte aus der Kühltasche zwei Piccolo genommen und mit dem Eddie auf eine schöne Fahrt getrunken, und bald benahmen sich die beiden recht kindisch. Fast wie die Leute auf dem Floß. Anne nahm immer eine Handvoll Wasser aus dem Fluß und goß es mir über den Kopf, damit es mir nicht zu heiß würde, hat sie gesagt. Trotzdem wurde es mir immer wärmer. Es war mir schon ganz schlecht. Da beschloß ich zu springen.

Als wir einmal etwas näher an das Ufer getrieben wurden, tat ich es. Ich hörte noch Annes Schrei »Floriii«, dann trieb es mich ab. Keineswegs zum Ufer, sondern auf einen Felsblock zu, der steil aus dem Wasser ragte. Ich hörte noch, wie es hinter mir kräftig platschte, das war Anne, die sich über den Bootsrand hinweg ins Wasser fallen ließ. Ich kämpfte um mein Leben, mußte unbedingt Boden unter den Füßen bekommen, und so rannte ich eben, wie ich es an Land auch immer tat, einfach weiter. Hinter mir hörte ich Anne mit der Strömung kämpfen. Sie schlug wie wild um sich, um in meine Nähe zu kommen. Gott sei Dank war sie eine gute Schwimmerin. Ohne mein Zutun wurde ich von der Strömung erfaßt und an den Felsen gespült. Anne schrie auf. Auch sie war an den Felsen gestoßen und hielt sich verzweifelt daran fest. Dann sprang ich zum zweiten Mal, und zwar vom Felsen auf Annes Schulter. Mochte jetzt kommen, was wollte. Ich krallte mich fest bei ihr ein.

Mein Sprung ins Wasser und der von Anne sind natürlich nicht unbemerkt geblieben. Von allen Seiten versuchten Boote heranzukommen, was jedoch mißlang. Auch Eddie ruderte verzweifelt, doch er kam nicht heran. Ein Floß mit schreienden und wild gestikulierenden jungen Leuten war die Rettung. Ein Mann rief Anne zu: »Aushalten, aushalten! Wir holen sie ein.«

Dann warf er einen runden Reifen in das Wasser, der an einem Strick befestigt war. Anne griff ihn mit einer Hand und hielt ihn fest.

»Flori, ich brauche beide Hände«, schrie sie. »Bleib beim Frauchen, bleib oben, festhalten, Flori, festhalten!«

Das hätte sie gar nicht sagen müssen, denn ich klammerte mich wie ein Affe an sie. Solange ich Anne spürte, konnte mir nichts passieren. Mit zwei Händen hielt sie nun den Reifen umklammert und stieß sich vom Felsen ab. Es gelang ihr, den Reifen unter sich zu schieben, und so kamen wir mit ein paar Schrammen, sonst aber heil auf dem Floß an.

Da gab es viel Geschrei, und ein junger Mann gab Anne aus einer weißen Flasche Schnaps zu trinken, damit sie sich erholen könne, meinte er. Mir gefiel dies ganz und gar nicht, denn Annes Wesen fing an, sich weiterhin zu verändern. Die Blasmusik spielte, und ein Herr mittleren Alters sang dazu: »Kalkutta liegt am Ganges, Paris liegt an der Seine ...«, – » ... und daß ich jetzt gerettet bin, das liegt wohl an wem?« ergänzte Anne.

Da lachten die umstehenden Leute und klatschten in die Hände. Ich versuchte eines meiner berühmten Männchen zu bauen, doch da rutschte ich auf den nassen Balken aus und fiel um. Anne drückte mich an sich und versuchte mich zu beruhigen.

Beim nächsten Brückenwirt hielt das Floß an, und hier wartete bereits Eddie auf uns. Auch er hatte so ein komisches weißes Zeug vor sich stehen. Ich kannte diese kleinen Gläser. Es war wieder Schnaps. Ich wußte ganz genau, daß er ihn nicht vertrug. Einmal habe ich ihn davon etwas trinken sehen, dann ist ihm schlecht geworden, und am anderen Tag ist er mit einem Eisbeutel auf dem Kopf herumgelaufen. Meine Stimmung war nicht gut. Ich wollte schnellstmöglich nach Hause. Aber jetzt mußte Eddie erst einmal eine Runde Bier für die Floßfahrer bezahlen. Dann noch eine Lage Korn. Das Mittagessen wurde aufgetragen. Es gab Spanferkelbraten mit Kartoffelsalat. Frauchen steckte mir heimlich unter dem Tisch etwas davon zu, was mich ein bißchen versöhnt hatte. Eddie meinte, daß der Ausflug für uns zu Ende sei. Er wollte den Nachbarsohn anrufen, damit dieser uns abholen komme. Unser Auto, das ja an der Bootseinstiegstelle stand, wollte er erst anderntags abholen. Auch sei er nicht mehr ganz nüchtern, und es wäre besser, das Auto stehen zu lassen. Gesagt – getan! Bald kam uns der junge Nachbar abholen, und es ging nach Hause. Ich war mittlerweile wieder trocken und wollte auf meinen Lieblingsplatz, die Fensterbank.

Anne war bester Stimmung und fand, daß man die Rettung nochmals feiern müsse und brachte die restlichen drei Piccolos an. Mein Herrchen und mein Frauchen labten sich daran und wurden immer alberner.

Ich schien für die beiden gar nicht mehr zu existieren. Herrchen half Anne beim Spülen und schlug immer wieder mit dem Trockentuch nach ihr. Sie kreischte und lachte. Ich wußte gar nicht mehr, wie ich dran war. Brauchte sie vielleicht meine Hilfe? Oder sollte das Spaß sein? Ich bellte beide an. Da kam Anne auf mich zu und schmuste übertrieben mit mir. Bestimmt wollte sie meine Unterstützung. Ich knurrte Eddie an, verwarnte ihn. Er kam trotzdem auf mich zu. Hinter mir war das geschlossene Fenster. Ich konnte nicht ausweichen. So ergriff ich die Flucht nach vorne und biß ihn in die Nase.

Zehn Sekunden lang herrschte Totenstille. Dann schrie Eddie »Hilfe! Er hat mich gebissen.«

Anne erwachte aus ihrer Erstarrung und rief: »Um Himmels willen, deine Nase. Der Hund hat dir die Nase abgebissen.«

Im wenigen Sekunden sah die Küche wie ein Schlachthaus aus. Alles war voll Blut. Anne besah sich den Schaden.

»Die Kuppe hat er dir abgebissen, aber sie hängt noch an einem Stückchen Haut.«

Sie nahm die herunterhängende Nasenspitze und drückte sie wieder dort an, wo sie hingehörte. Dann nahm sie Eddies Zeigefinger und sagte: »Drück' fest dagegen, wir fahren sofort in die Klinik.«

Mir ist es sehr mulmig geworden. Das wollte ich selbstverständlich nicht. Da hab' ich zu zittern ange-

fangen und mich ganz klein gemacht auf der Fensterbank. Anne packte mich im Genick und schüttelte
mich hin und her.

»Was hast du gemacht, darf man denn sein Herrchen beißen?«

Am liebsten wäre ich in den Erdboden versunken.
Wie konnte ich dies nur rückgängig machen?

Anne fuhr mit Eddie ins Krankenhaus und kam
lange nicht wieder. Als sie zurückkam, schimpfte sie
noch immer mit mir. Ich mußte eine ganze Nacht allein
im Büro schlafen. Wenn man von Schlafen reden konnte. Ich hatte so ein schlechtes Gewissen.

Immer mußte ich an mein erstes Frauchen denken, das
mich hergegeben hatte. Nie habe ich begriffen, warum. Vielleicht gaben mich jetzt Eddie und Anne auch
weg. Es war eine schreckliche Nacht.

Am anderen Morgen kam mein Herrchen wieder
zurück. Er hatte den ganzen Kopf eingebunden. Tagelang hat er mich keines Blickes gewürdigt. Doch wenn
er im Sessel saß, habe ich mich so lange auf seine Füße
gelegt, bis er auf mich aufmerksam wurde und mich
wieder gestreichelt hat. Nur ganz langsam kam die
alte Vertrautheit wieder. Eddie mußte immer wieder
zum Verbinden ins Krankenhaus. Eine Nachbarin rief
an und hat gefragt, was denn mit meinem Herrchen
los wäre und ob er seine Nase wieder einmal zu tief in

anderer Leute Angelegenheiten gesteckt hätte. Keiner hat geglaubt, daß ich das war.

Nach ein paar Wochen war es dann soweit. Die Verbände waren weg, und Eddie hatte ein neues Aussehen. Anne war entzückt. Sie küßte ihn ganz sanft auf die neue Nase und meinte: »Du bist ja ganz neu, so schön, daß man dich wirklich heiraten könnte.«

Auch von anderer Seite kamen die Komplimente, daß er so gut noch nie ausgesehen habe. Und ob er sich einer Schönheitsoperation unterzogen habe.

Da hat das Frauchen zu mir gesagt: »Flori, ich glaub', ich muß ihn doch heiraten, bevor es jemand anderes tut. Wo er jetzt so gut aussieht. Und das haben sie dann auch getan.

»Wie lange warst du bei Eddie und Anne?« fragte Tuxi.« Dreizehn Jahre und davon zwölf Jahre ganz gesund. In meinem letzten Lebensjahr aber wurde ich krank. Ich bekam einen Husten, der nicht aufhören wollte. Und so ging Anne mit mir zum Tierarzt.« »Mein Floh hat sich wahrscheinlich an der Ostsee eine Bronchitis geholt, meinte sie.«

Ich wurde abgehorcht, und der Arzt schüttelte bedenklich den Kopf. »Nein«, sagte er, »dies ist keine Erkältung, der Husten kommt vom Herzen. Er ist nicht mehr gesund, und man kann diese Krankheit auch nicht mehr heilen. Das ist eben das Alter.«

Ich habe Tabletten bekommen, die grauslich schmeckten. Ich habe sie immer eine Zeitlang in der rechten Backe behalten, bis Anne weggesehen hat, dann hab' ich sie schnell ausgespuckt. Leider hat sie das bald mitbekommen. Von da an mußte ich keine Tabletten mehr schlucken. Ich bekam dafür feine Leberwurstkügelchen. Also, warum nicht gleich so, dachte ich. Die hab' ich direkt hinuntergeschlungen, und kurze Zeit später ging es mir daraufhin immer besser. Nur meine Beine wollten nicht mehr so wie früher. Kleine Spaziergänge, ja! Große Wege aber gingen nicht mehr. Als ich der Nachbarskatze nachjagen wollte, bin ich zusammengebrochen.

»Mein Gott, Flori, was machen wir mit dir? Wir wollen doch in den Schwarzwald fahren«, hat Anne gesagt, »und du machst uns schlapp.«

So, und jetzt kommt etwas, wofür ich mein Frauchen heute noch umarmen könnte. Sie hat mich nicht zu Hause gelassen, sondern ein Inserat aufgegeben, um einen gebrauchten Buggy zu finden. Und sie fand einen. Der war zwar klapprig und das Innere unansehnlich, denn er hatte schon drei Kindern gedient. Doch Anne hat ihn genommen und mit lila Cordsamt ausgeschlagen. So sind wir in den Urlaub gefahren. Leider verlor dieses Gefährt immer ein Rad. So auch, als wir einen Ausflug nach Straßburg machten. Mitten auf einer großen Kreuzung löste sich das Rad wieder und rollte über die Straße. Ein Bus bog um die Ecke, sah es und hielt

an. Auch die anderen Verkehrsteilnehmer hielten. Eddie lief
dem Rad hinterher und hat es schließlich zu fassen bekom-
men und eingesammelt, während Anne mich, sozusagen
dreibeinig, stolz über die Kreuzung schob. Eine Frau mein-
te:

»Warum darf der Hund denn nicht laufen?« Da erklärte
Anne, daß ich es mit dem Herzen hätte und das Laufen nicht
mehr so gehe. Da sagte die Frau »Ah, bonne idée.« Anne und
Eddie sind dann noch zum Essen gegangen, und ich durfte
sogar mit dem Buggy mit ins Lokal. Ich war sehr stolz auf die-
sen Wagen. Wenn die anderen Hunde an mir vorbeigingen,
habe ich sie keines Blickes gewürdigt, sondern hab' stur gera-
deaus gesehen. Nur ich durfte fahren. Sie aber mußten laufen.

»Du wirst mir so ein Strick gewesen sein«, sagte Tuxi.

Mittlerweile stand die Sonne so, daß die zwei Dackel ihr
Frauchen Anne erkennen und sehen konnten. Der Zirkus-
hund aber sah seine beste Freundin, die Löwin Erna. Er
baute sofort wieder seinen Handstand und lief auf den
Vorderpfoten auf der Wolke herum. Tuxi machte ihr schön-
stes Bettelmännchen, und Flori drehte sich im Walzertakt
auf den Hinterbeinen.

Sie waren alle drei sehr aufgeregt und hätten um ein Haar
ihr gutes Leben im Himmel vergessen. »Sieh hinab, Flori,
wir haben nicht mehr viel Zeit, die Dinge dort unten zu
beobachten«, sagte Tuxi. Langsam stellte sich bei ihr das
schlechte Gewissen ein. Sie waren zwar auf der Wolke, aber

man mußte auch an den Rückzug denken. Im Moment war kein Neuankömmling in Sicht. Und die Himmelspforte war fest verschlossen. Auch zog eine Wolkenwand von Osten auf. Wenn diese unter ihnen war und die Erde gerade da verdeckte, wo man Frauchen sehen konnte, war sowieso alles vorbei. Sie legten sich nun wieder alle drei nebeneinander und sahen sehnsüchtig auf die Welt.

»Was machen Anne und der Dackel gerade?« wollte Flori wissen. »Ich weiß es nicht! Sehen wir mal zu.«

Das Schönheitschampionat

Frauchen und der neue Dackel, er war gekämmt und gebürstet und mit Nerzöl eingesprüht, gingen auf eine große Halle zu. Am Eingang war ein Transparent aufgehängt, darauf stand in markigen Lettern: »Rassehundeschau«. Als Anne die Türe öffnete, hörte man aus der Halle lautes Bellen.

»Du lieber Himmel, was war denn da los?«

In der Halle drängten sich mindestens einhundert Hunde aller Rassen, von mini bis ganz groß. Anne nahm vorsichtshalber ihren Dackel auf den Arm und ging auf einen Herrn zu, der den Impfpaß des Hundes kontrollierte. Dann schrieb sie etwas auf eine weiße Karte und ging mit dieser in Richtung Kasse.

»Hast du schon so was gesehen?« wandte Flori sich an Tuxi. Bestimmt will Anne den Hund verkaufen, sonst ginge sie

nicht zur Kasse. Kasse hat immer etwas mit Geld und Profit
zu tun, das weiß ich bestimmt.« »Das glaub' ich nicht«,
meinte Tuxi. »Für mich sind ihr einmal tausend Dollar von
einem angeheiterten Amerikaner geboten worden. Da hat
sie gesagt: ›Nein, für kein Geld der Welt gebe ich meinen
Hund her. Er wird nicht feilgeboten.‹
»Na, da bin ich aber gespannt.«

Anne bezahlte an der Kasse und ging dann mit dem
Dackel zu einem Tisch. Ein alter, bärtiger Mann stand
da und schaute als erstes der Kleinen ins Maul. Er
prüfte, ob jeder Zahn vorhanden war, sah nach, ob sich
Zahnstein gebildet hatte, fing an, ihre Rute zu untersuchen, dann ihre Füße und den ganzen Körper. Der
Dackel ließ alles geduldig mit sich geschehen. Anne
redete unentwegt auf ihn ein.

»Er ist in Ordnung«, sagte der Mann. »Kommen Sie
bitte am Nachmittag um 14 Uhr zur Endausscheidung
wieder.« Dann machte er einen Stempel in den Stammbaum des Hundes. »Vorzüglich Cacib«.*

Anne nahm ihren Hund und ging mit ihm auf die
Zuschauertribühne. »Mausi, sei lieb, wir müssen erst
noch in den Ring, dann werden wir sehen, wer die
Schönste ist«, sagte sie zu ihr.

---

* Certificat d'Aptitude au Championnat International de Beauté
(Befähigungsnachweis für das Internationale Schönheitschampionat).

Dackel um Dackel kam und mußte auf den Tisch. Auch die großen Hunde wurden genauestens untersucht, bevor sie einen Stempel in ihre Unterlagen bekamen. In der Halle war ein Gewirr von Stimmen. Hunde bellten, wurden unruhig. Manche waren sogar in richtigen Vogelkäfigen, nur massiver, angereist. Sie durften nicht herumlaufen, mußten nach dieser Untersuchung auf dem Tisch und der Beschau durch den Bärtigen gleich wieder in ihre Käfige zurück. Die Mausi schien Angst zu haben. Denn sie drückte sich eng an ihr Frauchen und zog den Schwanz ein.

»Die hat doch keine Chance«, sagte Flori. »Sieh mal, wie viele Dackel diesen Stempel ›vorzüglich‹ haben.«

Das gleiche schien auch Anne zu denken, als sie die große Konkurrenz sah. Sie tuschelte mit einem Herrn, der einen Bernhardiner hinter sich herzog. Dann ging sie plötzlich mit der Mausi wieder zu dem Bärtigen. »Hallo«, sagte sie, und setzte ihr charmantestes Lächeln auf. »Jetzt komme ich noch einmal. Wenn ich Sie so ansehe, weiß ich, daß Sie genau der richtige Mann sind, einen Irrtum zu berichtigen. Mein Hund ist eigentlich nicht korrekt eingestuft. Denn meine Mausi ist ja kein normaler Dackel, sondern ein Zwerg. Ich möchte, daß man das berücksichtigt.«

Dabei blitzten ihre dunkelbraunen Augen den Bär-

tigen an. Vor soviel Charme kapitulierte dieser schließlich und sagte:

»Setzen Sie den Dackel noch einmal auf den Tisch.«
Wieder mußte die Mausi ran. Sie wurde gewogen und
vermessen. Dann kam noch ein zweiter Mann hinzu,
und der sah Anne tief in die Augen, zwinkerte sie fröh-
lich an und meinte:

»Natürlich ist das ein Zwerg, das sieht man doch.«
Nun bekam Anne noch einen Stempel in den Stammbaum: »Zwerg«. Sie ging nun mit der Zwerg-Mausi
und wesentlich größeren Chancen für das Schönheitschampionat aus der Halle und strebte einem Restaurant zu. Hier, im Biergarten, saßen viele Hundebe-
sitzer mit ihren Lieblingen und diskutierten über die
Einmaligkeit ihrer Hunde.

Anne setzte sich dazu. Am Tisch war eine Dackeldame, Langhaar und schön wie eine Königin. Das
dazugehörende Frauchen wog viel, war jedoch sehr
selbstbewußt, und für sie schien es klar, daß ihr Dackel
den ersten Preis bekommen mußte. Auch Anne sah die
auffällige Schönheit der Hündin mit einem Blick.

»Das ist ja ein selten hübsches Tier«, eröffnete Anne
das Gespräch. »Was hat sie denn für eine Note bekommen?«

»Vorzüglich – Cacib«, meinte die Dame.

Annes Gesicht verdüsterte sich. Sie sah wahrscheinlich für ihre Mausi schlechte Karten voraus. Ihr Hund
war für sie der schönste. Hoffentlich sah dies die Jury

auch so. Ihr Gesicht drückte Zweifel aus. Die beiden Damen unterhielten sich über alles mögliche.

»Um wieviel Uhr beginnt eigentlich die Endausscheidung?« fragte die Runde.

Anne schien ihre Chance zu wittern.

»Soviel ich weiß, um 15 Uhr«, sagte sie leichthin.

»Na, da haben wir ja noch Zeit und können leicht noch eine Stunde spazierengehen.«

Die sehr gut proportionierte Dame nahm ihren Dackel vom Schoß und setzte ihn auf den Boden. Dann gingen beide hocherhobenen Hauptes von dannen.

Anne sah ihnen lächelnd nach und meinte zu ihrem Hund gewandt: »So, Mausi, eine Konkurrentin haben wir, glaube ich, ausgeschaltet. Nicht ganz korrekt, das muß ich zugeben, aber für dich tue ich doch alles.« Sie nahm ihren Dackel, der anscheinend Mausi hieß, an die Leine und ging wieder zurück zur Halle. Die Uhr zeigte gerade fünf Minuten vor 14 Uhr an.

»Alle Zwerglanghaardackel, männlich«, rief ein Mann durch eine Flüstertüte. Zirka zehn Dackel maschierten nun, mit ihrem Herrchen oder Frauchen an der Leine(?), durch die Arena. Drei Richter besahen sich diese, wie sie sich bewegten und wie sie liefen, und bewerteten dies nach Punkten. Dann wurden drei Siegertitel vergeben. Moritz war der Schönste, und sein Frauchen war mächtig stolz, als er den Zuschlag für das Prädikat bekam.

»Alle Langhaardackelhündinnen, Zwerge«, schrie der Mann wieder durch die Tüte. Jetzt kam Anne mit ihrer Mausi dran. Hier waren es nur sechs Hunde, die für den Schönheitstitel in Frage kamen.

»Mausi, lauf jetzt richtig mit mir, setz dich ja nicht hin«, mahnte Frauchen noch einmal. Dann marschierten sie los. Hinter ihnen die fünf anderen Dackel. Wieder wurde gewertet. Beim dritten Preis spannte sich Annes Gesichtsausdruck an, vielleicht war es die Maus, doch der Sprecher sagte:

»Paula vom Roseneck.«

Der zweite Preis ging an Hexi und der erste Platz des Schönheitswettbewerbs an Nolli vom Hang, genannt Mausi.

»Das bist du!« rief Anne, warf ihren Dackel in die Luft, fing ihn auf und drückte ihn an sich.

»Meine Schöne«, sagte sie und ging stolz mit ihr zur Urkundenstelle, wo die Schönheit noch einmal extra mit einem Stempel im Stammbaum bestätigt wurde.

»So ein Getue«, sagte Flori.«Schau dir das an. So etwas haben sie mit uns Gott sei Dank nicht gemacht. Als ob man schön sein müßte? Gesund muß man sein, wachsam. Herrchen und Frauchen beschützen, aber doch nicht schön.«

Na ja, Anne schien glücklich zu sein, und nach dem Dackel wurde eben nicht gefragt. Typisch für die Menschen. Man muß viel Geduld mit ihnen haben und ihnen manches nachsehen. Diese Mausi tat dies ganz offensichtlich.

Als Anne zur Türe hinausging, kam ihr die gewichtige Bekanntschaft aus dem Restaurant entgegen. »Geht es schon los?« fragte diese. «Ja, die ersten sind schon dran«, antwortete Anne und zog ihre Hündin geschwind zum Parkplatz. Als die Runde bemerkte, daß der Titel für die Zwergdamen bereits vergeben war, saß Anne schon im Auto und war bereits, zehn Kilometer vom Ort des Geschehens entfernt, in Richtung Heimat unterwegs.

»Ausgetrickst«, sagte der Zwergschnauzer. Die beiden Dackel sahen belustigt zur Erde hinunter. Diese Anne! Gewußt, wie!

Plötzlich waren sie müde geworden. Diese vielen Geschichten. Man mußte sie alle erst einmal verkraften. Tuxi sah, wie die beiden Herren der Schöpfung dabei waren einzuschlafen. Da schloß auch sie ihre Augen. Irgendwann mußte man wieder durch die Himmelstür zurück, aber wie? Sie machte sich ernsthaft Sorgen. Sie schien eine ganze Zeit lang geschlafen zu haben, denn als sie ihre Augen wieder öffnete, sah sie Anne und die Mausi wieder. Doch an einer ganz anderen Stelle. Während ihres Nickerchens schienen auf der

Erde Tage vergangen zu sein. Das, was sie jetzt sah, hatte mit einer Schönheitskonkurrenz nicht das geringste zu tun. Da waren die Türme der Frauenkirche zu sehen, also war es München. Es gab Wald und eine große Wiese, auf der sich überwiegend Dackel mit ihren Menschen tummelten. Ein Graben war da, in dem grünes Wasser floß. Sollte das die Isar sein? Ein Gasthaus mit Biergarten lud zum Verweilen ein. Jetzt wußte sie es, das war der Aumeister im Englischen Garten.

Sie sah Anne mit noch einer Dame, die ebenfalls einen Langhaardackel führte, auf eine Wiese zugehen. Jetzt konnte man auch das Transparent, das zwischen zwei Bäumen flatterte, lesen: Münchner Dackelrennen.

Tuxi bellte zweimal laut, und sofort erwachten die müden Hundeherren.

»Seht mal runter. Hier gibt es ein Dackelrennen, das müssen wir uns ansehen.« Verschlafen guckten die beiden in Richtung Erde und wurden bald hellwach. So etwas hatten sie noch nie gesehen.

Dackelrennen

In eine Wiese war eine fünfzig Meter lange Asphaltbahn eingelassen, die mit einem roten Absperrband markiert war. Rechts und links standen viele Leute mit Hunden an der Leine als Zuschauer. Ein Mann kämpfte verzweifelt mit einem Mikrofon, das keinen Mucks von sich gab. Zwei Stände waren aufgebaut. An einem mußte man seinen Namen sagen und welcher Klasse der Hund angehörte, Zwerg, Jugend, offene Klasse oder Senioren. Am zweiten Stand wurde das Startgeld – das Wichtigste – kassiert. Für jeden teilnehmenden Hund mußte noch der Impfpaß hergezeigt werden, denn bestimmt waren Hunde ja von Haus aus tollwutverdächtig. Anne stand mit ihrer Begleitung und den beiden Hunden am Ziel.

Da kam ein kleiner Rauhhaardackel und beschnupperte die Mausi penetrant. »O weh«, sagte Anne. »Es ist zwar erst der Anfang von Mausis Unpäßlichkeit, aber die Rüden bekommen bereits Wind davon.«

Es war Purzl, eine Bekanntschaft aus dem Dackelclub, dem Anne angehörte. Es zogen noch zwei weitere Rüden in Richtung Mausi, von ihren Frauchen nur mit äußerster Mühe an der Leine gehalten.

Tuxi – auf ihrer Wolke sitzend – konnte dies nicht verstehen. Denn auch die Mausi wollte zu den Rüden und genoß es sichtlich, wie die Herren der Schöpfung um sie herumscharwenzelten. Kaum, daß sie ein Platzerl fand, wo sie ungestört ihr Geschäftchen machen konnte.

Anne ging mit ihr zur Seite und zog ein Fläschchen aus der Tasche, mit welchem sie das Hinterteil von Mausi einsprühte. Zu ihrer Nachbarin sagte sie: »Das ist Rüdenabwehrspray. Meine Mausi wird bald heiß.« Die Dackeline mußte ob des Spraygestanks furchtbar niesen, und die Rüden nahmen davon einfach keine Notiz. Es zog sie dennoch zu der Hündin. Das Rennen begann.

Waldi, ein Langhaardackel, ging mit seinem Herrchen zum Start. Er mußte sich von einer jungen Dame, die er gar nicht kannte, am Halsband festhalten lassen. Sein Herrchen aber fing zu rennen an und lief auf der Bahn dem Ziel entgegen. Hier stand sein Frauchen und lockte ihn auch noch mit einem Ball. »Waldi lauf, lauf. Wo ist's Balli, wo? Lauf!« Da dies Waldis schönstes Spielzeug war, stürmte er darauf zu und war somit im Ziel. Er nahm den Ball mit dem Kopf auf und tollte mit diesem auf der Bahn herum. Er konnte richtig Kopfball spielen. Alles lachte. Beifall brandete auf.

Nun war Purzl, der Rauhhaardackel, dran. Auch er ging mit seinem Herrn zum Start. Auf die Plätze – fertig – los!

Mensch, wie dessen Herrchen laufen konnte! Doch Purzl fand dies nicht so großartig. Er gab nach der Hälfte der Strecke auf, ging nach rechts auf die Zuschauer zu, um Freunde zu beriechen. Nun hatte er noch einen zweiten Versuch, bei dem er zeigen konnte, was eine Harke ist. Sein Herrchen führte ihn noch einmal zu Annes Mausi, und er durfte wieder kräftig an der Stelle schnuppern, an welcher es im Moment eigentlich nicht so angebracht war.

Zweiter Versuch: Herrchen startet, Purzl hinterher. Anne und Purzls Frauchen stehen an der Ziellinie. Sie schreien ihm entgegen: »Purzl, Purzl, komm! Darfst zur Mausi. Wo ist die Mausi?« – Und wer sagt es? Purzl läuft wie ein Irrer und darf zur Belohnung noch einmal zu Anne und ihrem wohlriechenden Hund. Er ist eine sehr gute Zeit gelaufen. Diese wird zusammen mit seinem Namen an einer Tafel angezeigt.

Begreife einer, warum, dachte Flori.

Anne rannte vor Begeisterung über die Ziellinie. Aber, o weh, das hätte sie mal lieber nicht getan. Gleich brach ein fürchterliches Geschrei los. Die Mausi legte die Ohren ganz eng an und duckte sich zusammen. Ein älterer Herr, der fortwährend den Kopf in einen schwarzen Kasten steckte, der auf wackeligen drei Beinen stand, schrie:«R a u s! R a u s! Sie san mir ja im Bild. Herrgott sakra noch einmal.«

Aus einer anderen Ecke tönte es:

»Gehns raus da mit ihrem Hund, das geht doch net. Es muß doch weitergehen.«

»Ja, ja«, sagte Anne, »ist ja schon gut.«

Sie nahm ihre Mausi auf den Arm und stellte sich wieder vorschriftsmäßig außerhalb der Linie auf.

Die Mausi schien froh zu sein, daß sie nicht rennen mußte, denn sie leckte ihrem Frauchen immer wieder das Ohr. Doch plötzlich unterhielt sich diese mit Purzls Herrchen und ging dann mit der Mausi auf dem Arm zögernd zur Kasse.

»Du lieber Himmel«, sagte Tuxi, »sie wird doch die Mausi nicht laufen lassen. Sie kann sie doch nicht von dieser fremden Frau festhalten lassen. Und diese vielen schreienden Leute rundherum. Noch dazu, wo die Kleine unpäßlich ist und die Rüden so hinter ihr her sind.« Flori sah Tuxi an und kratzte sich mit der Hinterpfote verlegen das Ohr. Er konnte diese Rüden verstehen.

Anne ging und übergab ihre Mausi der Dame am Start.

Nun fing sie zu rennen an, so schnell sie konnte. Die Mausi aber wurde mit eiserner Hand festgehalten und durfte nicht hinterher.

»So eine Schinderei. Das arme Ding«, sagte Tuxi.

Jetzt, endlich! Anne war schon weit über die Hälfte der Rennstrecke vorgelaufen, da wurde ihr Dackel losgelassen. Dieser rannte wie um sein Leben dem Frauchen hinterher. Er würde sie schon einholen! Doch plötzlich – kurz vor dem Ziel – stoppte Anne und sah sich nach ihrer Mausi um, was diese veranlaßte, ebenfalls zu bremsen. Anne lief durchs Ziel, die Dackeldame auch. Allerdings weniger schnell. Ihre Zeit wurde bekanntgegeben. Neun Sekunden für fünfzig Meter.

»Aha, um die Zeit geht es«, warf der Zirkushund ein. Warum liefen die Menschen eigentlich nicht auf vier Beinen, wenn es darauf ankam wie hier? Sie hatten sie doch.

Die Mausi wurde noch von dem Herrn mit der Stoppuhr gelobt. Er sagte: »Wenn dein Frauchen nicht langsamer geworden wäre, dann wärst du noch viel schneller gewesen.« Auch die Zeit von Annes Hund wird auf der Zeittafel angezeigt.

Es liefen noch viele Dackel. Alle nach dem gleichen

Schema. Anne meinte, an ihre Bekannte gewandt: »Ich gehe etwas essen. Die Zeiten der anderen Hunde will ich gar nicht wissen, da rege ich mich nur auf. Ich komme zur Preisverleihung wieder.« Sie gingen auf den Biergarten zu und bestellten sich eine Schweinshaxe mit Knödeln.

Flori lief das Wasser in seinem Dackelmaul zusammen. Er dachte an die schönen Biergartenabende, die er mit seinem Frauchen Anne alle erlebt hatte. Und er spürte geradezu den Würstl-, Hendl- und Haxenduft in seiner Nase. Zu seiner Zeit hatte er in den Gärten einen gewissen Bekanntheitsgrad erreicht. Er baute die schönsten Männchen für einen Radi, Leberkäs und eine Brezn und fraß dieses alles mit Wonne. So wurde ihm von anderen Tischen auch immer heimlich etwas zugesteckt, und Anne begriff nicht, warum gerade in den Sommermonaten sein Umfang immer beträchtlicher wurde und sprach von einem Biergartenbauch.

Die Damen schienen sich gestärkt zu haben. Sie gingen mit ihren Dackeln zur Preisverleihung auf die Wiese zurück. Auf einem Tisch standen viele Pokale. Anne hob ihre Mausi kurz hoch und zeigte ihr dieselben.

Tuxi sagte: »Wenn die Kleine keinen Pokal bekommt, ist Anne selbst schuld. Warum hat sie kurz vor dem Ziel gestoppt?«

Ein Herr rief die Teilnehmer der offenen Klasse auf.

»Axel von der Vogelweide.«

»Gerda vom Hinterhof.«

»Burschi vom Vordermoos« und so weiter.

Alle bekommen eine Urkunde, daß sie am Dackelrennen erfolgreich teilgenommen haben. Wenige zusätzlich einen Pokal.

Jetzt kamen die Zwerge dran. Die Kategorie, der die Mausi zugeordnet war. Purzl ist der Sieger und bekommt einen großen roten Pokal.

»Den zweiten Platz hat errungen: Nolli vom Hang, genannt Mausi«, rief der Mann.

Das war ja Annes Hund. Die drei Hunde rannten auf ihrer Wolke hin und her und bekamen gar nicht mehr mit, wer den dritten Platz belegte. Sie sahen, wie Anne ihre Mausi hochzuheben versuchte, jedoch nicht bemerkte, daß sie auf deren Schwanzerl stand. Sie zog und zerrte, bis der Dackel quiekte. Erst jetzt sah sie nach unten und trat zurück. Mausi war frei.

Sie nahmen die Urkunde und den Pokal entgegen, ließen sich noch fürs Familienalbum ablichten und strahlten beide.

»Und jetzt geht's bestimmt heim zu Eddie«, sagte Flori. »Wie ich ihn kenne, wird er sich über den Pokal so freuen, als ob er ihn selbst gewonnen hätte.«

Doch es ging nicht heim. Sie verfolgten noch, wie Anne mit ihrer Freundin und zwei weiteren Hunden in ein nahegelegenes Kurbad fuhren, um Kaffee zu trinken. Hexi fand einen Damenkniestrumpf unter dem Tisch und legte das Corpus delicti der Bedienung vor die Füße. Es entstand eine ziemlich laute Diskussion zwischen Anne und der Bedienung, die behauptete, der Strumpf könne nie unter dem Tisch gelegen haben. Aber da bellte die Hexi ganz furchtbar, und die beiden anderen Hunde halfen ihr dabei. Anne hat ihre beiden Beine unter dem Tisch hervorgetan, damit man sah, daß bei ihr kein Strumpf fehlte, und schnell bezahlt. Dann ging's hinaus. Mittlerweile regnete es in Strömen.

»Seht euch das an. Die Hunde sind naß bis auf die Dackelhaut«, sagte der Zwergschnauzer.

Anne trocknete alle drei ab, und sie mußten auf den Rücksitz des Autos. Da lagen sie jetzt brav.

Tuxi sah noch, wie die Mausi die Hexi zärtlich ins Ohr biß. Bestimmt dachte sie daran, wie ihr Herrchen über den Pokal staunen würde, der hinten im Kofferraum lag.

»Jetzt darfst du auch einmal eine Geschichte erzählen«, sagte Tuxi, der ihr Freund leid tat. Bis jetzt hatten nur Flori und sie erzählt, und der Zwergschnauzer hatte still zuge-

hört. »Ach ja«, sagte er, »da gäbe es schon dies und jenes zu erzählen, denn in einem Zirkus ist das Leben aufregend und kunterbunt.«

Der Zirkushund

Mein Herrchen war ein Clown. Sein Vorbild war Charlie Rivel. Er probierte seine Mimik stundenlang vor dem Spiegel. Und das »Akrobat s c h ö ö ö n« konnte er genausogut wie dieser. Von der Statur her war er größer, sportlicher durchtrainiert. Doch dies sah man nicht, denn er trug viel zu große Kostüme. Seine Haare waren rotblond und lockig, was ihm für die Rolle eines Clowns sehr zustatten kam. Früher machte er die tollsten Kunststücke in der Luft. Zusammen mit seiner Frau und seiner Tochter waren sie einst die Könige auf dem Trapez. Doch dann verliebte sich die Tochter in Tarzan, einen Künstler auf dem Seil, der sich – mit viel zu kleinem Tigerfell bekleidet – mit seiner Partnerin, einer Äffin, von Liane zu Liane springend durch die Zirkuskuppel schwang. Das Publikum sah gebannt zu den beiden empor und hielt den Atem an. Weniger der Kunststücke wegen, eher in der Hoffnung, daß sich das Tigerfell verschieben oder vielleicht gar platzen würde, um etwas von dem Darunter zu enthüllen.

Die Tochter meines Herrchens war von ihm ebenso fasziniert wie das Publikum, und da sie auch die Äffin gut leiden konnte, heiratete sie ihn. Sie studierten eine neue Nummer ein. Als Ehefrau wurde sie nun Jane, und von diesem Zeitpunkt ab schwangen sie sich zu dritt durch die Lüfte. Sie erhielten ein Engagement beim Varieté und gingen mit diesem auf Tournee. Die Frau meines Herrchens schien darauf geradezu gewartet zu haben, denn sie verschwand eines Tages und hinterließ nur einen Brief, in welchem sie meinem Herrn mitteilte, daß sie es satt hätte, dauernd den Ort zu wechseln, über Rädern zu schlafen und in einem Zelt zu leben.

Als dies alles passierte, war ich fünf Monate alt und ahnte, wie schrecklich es sein mußte, Waise zu sein. Mein Herrchen hatte jetzt nur noch mich und war sehr verzweifelt. Nächtelang schlief er nicht, und ich drückte mich ganz nah an ihn, damit er nicht vergaß, daß es mich gab und daß er für mich zu sorgen hatte. »Was tun wir, Zorro?« fragte er eines Tages. »Wir müssen ganz schnell eine neue Nummer aufbauen, denn der Zirkus ernährt nur arbeitende Menschen. Nichtstuer haben hier keine Bleibe. Ich bin kein Mensch für den Boden. Ich habe immer in der Luft gearbeitet.«

Stundenlang machte er täglich Gleichgewichts-
übungen auf dem Seil, und dabei schien ihm schließlich die Erleuchtung zu kommen.

»Das einzige, was ich eigentlich noch gut kann, ist
Radfahren«, sagte er zu mir.

Ich sah mich schon in einem viel zu kleinen Korb am
Fahrrad hängend durch die Manege fahren. Nach
zwei weiteren Tagen Training auf dem Schlappseil, tat
er mir seinen Entschluß kund:

»Zorro, wir fahren nach Oberbayern zu meinem
Vater. Er war früher Einradartist.«

Gesagt – getan. Der Vater war mit einer Bayerin ver-
heiratet, die er kennenlernte, als sie mit einem Touri-
stenbus unterwegs war, um sich Italien anzusehen.
Auf dem Reiseprogramm stand auch ein Zirkusbe-
such. So kam es, daß sie sich vor der Zirkuskasse
begegneten. Er verkaufte ihr, auf Stelzen gehend, ein
Programm, und sie verliebte sich auf den ersten Blick
in ihn. Zu diesem Zeitpunkt war er bereits fünfzig
Jahre alt und war seines Beduinendaseins müde. Er
fühlte sich zu alt für immer neue Aufregungen. Als sie
ihn bat aufzuhören, hatte er nicht das geringste dagegen, den Zirkus für ein seßhaftes Leben einzutauschen
und setzte sich auf einem kleinen Hof in den Alpen zur
Ruhe. Beschaulich zwischen Bergen und Wäldern.
Hier züchtete er Brieftauben.

Der Vater empfing uns freundlich und hörte sich

geduldig an, was ihm sein Sohn zu sagen hatte. Daß es jetzt nur noch mich als einziges Familienmitglied gab, schien ihn nicht sehr zu überraschen. Als der Sohn darauf zu sprechen kam, daß der Vater ja früher ein berühmter Einradfahrer war und bestimmt noch ein Rad für Übungszwecke im Keller hätte, horchte er auf. »Was willst du machen, radfahren und den Zorro durch Reifen hüpfen lassen?«

»Genau das«, sagte mein Herrchen.

Mir wurde schlecht. Um Himmels willen, vielleicht gar noch durch brennende Reifen, wie dies die Löwinnen taten.

»Wenn er neun Monate alt ist, fange ich mit der Dressur an«, sagte mein Herrchen.

»Ja«, meinte da der alte Herr. »Die Zeiten sind anders geworden. Früher bin ich durch ganz Europa gereist und habe nach Mißgeburten Ausschau gehalten, die man in den Pausen im Zirkus herzeigen konnte. Da gab es zum Beispiel den Mann mit dem Vogelkopf. Er hatte die Nase eines Habichts und die Haarfrisur eines Kiebitzes. Oder den Löwenmenschen Mula, der vom Hals ab ein Mensch war, jedoch den Kopf und die Mähne eines Löwen hatte. Es gab Ollie, den Zwerg mit dem Wasserkopf. Selbst siamesische Zwillinge waren eine Attraktion. Doch heute lockt man damit keinen einzigen Besucher mehr hinter dem Ofen hervor. Ein kleiner Hundebastard und ein Clown, warum nicht. Mach mal, mein Junge. Das

Hundchen scheint ja recht clever zu sein. Zumindest sagen dies seine Äuglein.«

Das kann ja lustig werden, dachte ich. Wenn ich nur hier bleiben könnte. Ich würde mich sogar mit den Brieftauben anfreunden, obwohl ich mir eigentlich sehr gut die Jagd auf sie vorstellen konnte.

Und es wurde lustig. Wir fuhren wieder zurück, das Einrad zerlegt im Gepäcknetz. Hatte ich vor der Dressur zuerst fürchterliche Angst, so begann sie mir nach einigen Wochen richtig Spaß zu machen. Ich konnte dabei meine Intelligenz einsetzen. Mein Herrchen lernte ziemlich schnell das Fahren auf dem Einrad und führte mich an einer langen Leine mit sich in der Manege herum. Selbstverständlich lief ich auf zwei Beinen. Ich bekam einen Cut und einen glitzernden silbernen Zylinder. Bei richtiger Beleuchtung sprühten die aufgeklebten Similisteine Funken. Ich stolzierte wie ein richtiger Herr. Das gefiel den Leuten, vor allem den Kindern.

Dann bekam ich ein kleines Einrad, und ihr werdet es nicht glauben, ich lernte auch, auf dem Rad zu fahren. Wir tingelten von Badeort zu Badeort. Und mein Herrchen, der sonst nur noch bei der Arbeit lachte, lachte auch wieder nach dem Abschminken seiner Maske. Das ging drei Jahre lang gut. Dann wurde

Alberto mit seinen radfahrenden Pudeln engagiert. Die Pudelnummer wurde zum Kassenmagneten, und wir beide waren plötzlich nicht mehr gefragt. Da sagte der Direktor zu meinem Herrn.«Wenn du noch was machen willst mit deinem Hund, mußt du dir schon was Neues einfallen lassen. Ich wüßte zwar nicht, was. Wenn die Leute lachen sollen, müßtet ihr schon den Löwen die Zähne putzen. Nach dem Motto: Gib den Leuten, was sie selbst nicht haben oder können. Wir nehmen den Hund aus dem Programm. Du kannst mit den beiden anderen Clowns mitarbeiten.« Von jetzt ab gab es keine abendlichen Auftritte mehr für mich. Die Krönung des Tages fiel aus.

Doch mein Herrchen ließ sich nicht unterkriegen. Er arbeitete mit den anderen beiden Clowns, doch ich allein wußte, daß er nicht glücklich war.

In diesem Jahr starb die Löwin Zuma bei der Geburt ihres ersten Jungen. Zurück blieb ein niedliches Löwenbaby. Die kleine Waise wurde Erna genannt. Sie wäre nicht zu retten gewesen, hätte nicht Alberto, der Pudeldompteur, eine Hündin gehabt, die ebenfalls kurz vorher geworfen hatte. Diese hatte noch genügend Milch für klein Erna, und wurde von ihr angenommen. Damit hatte das Engagement der Pudeltruppe auch noch sein Gutes. Mit dieser Hündin hatte ich mich während meiner langweiligen Tage angefreundet. Wegen der Welpen wurde sie im Moment auch nicht eingesetzt und hatte ebenfalls viel Zeit. Wir spielten stundenlang mit der kleinen Löwin, die nicht genug davon bekommen konnte, uns in die Schwänze zu beißen und an den Ohren zu ziehen, und sehr bald warf sie uns auch um, und wir waren die Unterlegenen. Mein Herrchen sah uns oft zu, und dann hatte er eine neue Idee …

Er fing wieder auf dem Schlappseil zu trainieren an und verbrachte Stunden am Trapez. Er ging auch mit dem Löwendompteur in den Käfig, was mir angst machte. Dann sagte er: »Zorro, wir tun es. Wir putzen den Löwen die Zähne, und zwar ich als Clown und du als mein Handlanger.«

Ich fing mit ihm zu arbeiten an, und meine Tage wurden wieder länger. Ich balancierte den Zylinder jetzt verkehrt, mit der Öffnung nach oben, auf meinem Kopf. Da hinein kam eine Tube Zahnpasta und eine überdimensionale Zahnbürste. Wieder lief ich auf zwei Beinen. Mein Herrchen aber hing kopfunter mit den Kniekehlen im Trapez und schaukelte so über dem Löwenkäfig hin und her. Er versuchte nun zusammen mit dem Dompteur die Löwengruppe so zu dressieren, daß sich zwei davon, auf einem Hocker sitzend, die Zähne von dem über ihnen schwebenden Clown putzen ließen. Ich mußte mich vor dem Käfig auf einer kleinen Leiter postieren, denn bevor mein

Herrchen über den Löwen schwebte, holte er sich erst über die Trapezleiter Zahnbürste und Putzmittel aus meinem Zylinder. Ich hatte große Angst, denn es geschah oft, daß die Löwen zu brüllen anfingen, wenn der Körper meines Herrn über ihnen baumelte und sie dem Dompteur nicht mehr gehorchen wollten. Dann rannte ich trotz Cut und Zylinder auf allen vieren entweder aus der Manege oder verbellte die Löwen fürchterlich. Was diese noch unruhiger machte. Ich ging zu klein Erna, legte mich vor ihren Käfig und ließ mich von ihr trösten. Sie leckte mir mit ihrer rauhen Zunge das Ohr. So ein Schmarren, diese Nummer. Sehnsüchtig dachte ich oft an unsere Einradnummer und auch an den alten Herrn auf dem bayerischen Anwesen mit den Tauben zurück. Mein Herrchen probierte ein ganzes Jahr, mit dem Erfolg, daß sich die Löwen die Zähne n i c h t putzen ließen.

Eines Tages begann für klein Erna, die nun schon groß und kräftig geworden war, der Ernst des Lebens. Ihr Herr ging mit ihr in die Manege, und fing an, sie zu dressieren. Unbemerkt ging ich mit, legte mich in die Holzspäne und sah zu. Erna duldete mich und ihr Herr auch. Sie lernte schnell.

Von jetzt ab war ich immer dabei, wenn sie übte. Es schien ihr Spaß zu machen, mir zu zeigen, was sie alles konnte. Damit ich nicht ganz unnütz war, lief ich auf zwei Beinen in der Manege herum. Und als sie durch einen brennenden Reifen springen sollte, scheute sie, und dann schlug sie zum ersten Mal nach ihrem Herrn. Er hat sie scharf angeschrien, und in dem Moment bin ich schnell todesmutig durch den Reifen gesprungen. Hin und her, immer wieder. Plötzlich traute sie sich ebenfalls. Und von nun an gab es keine Probleme mehr.

Mein Herr und der Dompteur saßen von da an oft lange beisammen und diskutierten. Und dann kam es: Eine neue Nummer wurde einstudiert. Erna und ich im Löwenkäfig und mein Herrchen als Clown auf dem Trapez. Wir kamen sozusagen als Vorspann für die große Raubtiernummer. Die Löwin Erna mußte sich auf einen dreibeinigen Hocker setzen und sollte sich von ihrem Herrn die Zähne putzen lassen. Doch sie schlug pro forma immer wieder mit der Pranke nach ihm und brüllte furchterregend. Währenddessen schaukelte mein Herrchen als Clown verkleidet bereits über dem Käfig am Trapez. Dann brachte der Dompteur meine kleine Leiter und stellte sie neben Erna. Jetzt kam mein Auftritt.

Ich stieg in Cut und Zylinder, mit den Zahnputz-utensilien auf dem Kopf, die Leiter hinauf. Nun ließ sich mein Herrchen immer weiter am Trapez herunter. Zweimal schlug Erna pro forma noch nach ihm. Dann schaukelte er im Fersenhang über dem Käfig, und jetzt fletschte die Löwin die Zähne – ohne Gebrüll. Es sah aus, als ob sie lachte. Mein Herrchen nahm die große

Zahnbürste, tat Paste darauf und putzte ihr die Zähne. Sie ließ es geschehen. Zum Schluß bekam sie den Rest der Paste in das Maul gedrückt, und sie schleckte sich danach genüßlich die Lefzen. Die Menschen lachten. Das Putzmittel schien ihr zu schmecken. Jetzt waren wir wieder ganz oben. Die Nummer mit der Löwin, dem Clown und meiner Wenigkeit sprach sich herum und lockte viele Besucher ins Zirkuszelt. Wir sind durch halb Europa damit gereist.

Doch dann kam der Tag der Wende. Wir gastierten gerade in Holland. Mein Herrchen und der Dompteur waren richtige Freunde geworden. Er half dem Dompteur, wo er nur konnte. Nicht nur die Löwin Erna, nein, die ganze Löwentruppe kannte ihn gut.

Eines Tages fütterte er die Löwen. Zuerst bekam Erna ihren Teil. Als er die Klappe für den Einschub des Futters bei den männlichen Löwen öffnete, passierte es. Sultan, der Rudelführer, schnappte nach ihm und biß ihn in den Unterarm. Ich hörte seine Schreie und war so schnell mich meine alten Beine tragen konnten bei ihm. Es war schlimm. Alles rannte aus den Wagen hin zu meinem Herrn. Der Dompteur war als erster da. Er schrie den Sultan an, dabei sah er ihm unentwegt in die Augen. Dieser knurrte gefährlich und brüllte ihn an. Da zog mein Herr schnell seinen blutenden Arm zurück. Ich weiß, es ist schlimm, was ich euch erzähle. Ich glaube, der Sultan hat mein Herrchen als sein

Frühstück angesehen. Aber diese Dinge passieren leider immer wieder.

Im Fall meines Herrn war es Unbekümmertheit und Leichtsinn, was ihn beinahe das Leben gekostet hätte.

»Hör auf!« sagte Tuxi. »Das ist ja schrecklich.«Flori glaubte, daß er sie trösten müßte und meinte: »Glaub nicht alles, was der Zorro sagt. Der ist ein Angeber, das hörst du doch, den Löwen will er die Zähne geputzt haben? Das gibt's ja gar nicht.«

»Natürlich gibt's das. Es ist alles wahr, was ich euch erzählt habe.««Und wie ging's dann weiter?« fragten die beiden Dackel gleichzeitig.

Man hat meinem Herrn den Arm abgebunden und ihn ins Krankenhaus gebracht. Dort lag er wochenlang. Doch er erholte sich überraschend schnell. Ich lebte solange bei der Dompteurfamilie.

Als mein Herrchen entlassen wurde, sagte er zu mir: »Zorro, ich habe in den letzten Wochen viel Zeit zum Nachdenken gehabt. Arbeiten kann ich nicht mehr, denn mein Arm bleibt steif. Was wir tun könnten, ist, meinem Vater in Oberbayern noch ein wenig zur Hand zu gehen. Kochen kann ich noch, und im Garten gibt es auch immer etwas zu tun. Und du paßt auf die Tauben auf. Was meinst du?«Auf die Tauben aufpassen, dachte ich. Er hatte keine Ahnung, daß ich ihnen lieber die Federn ausgerupft hätte, als auf sie aufzupassen. Doch den Menschen gegenüber mußte man vieles für sich behalten und durfte seine Absichten oft nicht erkennen lassen. Sonst griffen sie ein, und man hatte überhaupt keinen Spaß mehr.

Und so kam es, daß ich in Bayern landete. Wir lebten noch Jahre auf dem Hof. Als ich einmal wieder heimlich die Brieftauben jagen wollte, spürte ich einen furchtbaren Schmerz in der Brust. Ich bin zusammengesackt, und es ist schwarz um mich geworden. Als ich wieder wach wurde, befand ich mich in einem Tunnel, an dessen Ende ich blauen Himmel und eine herrlich blühende Wiese sah. Ich lief immer schneller, dachte nicht mehr an mein Herrchen, wollte nur in dieses herrliche Blau. Und dann hatte ich es geschafft. Ich war im Himmel gelandet. Alles andere wißt ihr. So, das ist meine Geschichte. Ich bin jetzt müde und möchte schlafen. Ich glaube, wir sollten versuchen, wieder in den Himmel reinzukommen.« Zorro riß sein Maul weit auf und gähnte.

Mittlerweile waren über München Gewitter aufgezogen, und man sah durch die Wolkenbildung sowieso nichts mehr. Es schien zu regnen. Es war interessant gewesen hier draußen.

»Wer hätte gedacht, daß wir beide dasselbe Frauchen und

zeitweise auch Herrchen auf Erden hatten!« sagte Flori. Er schielte immer wieder zur Himmelstür, ob denn niemand herauskam. Doch diese war fest verschlossen. Auch Tuxi hatte ein ungutes Gefühl, das sie eigentlich im Himmel zuvor noch nie hatte. War das ein schlechtes Gewissen? Plötzlich bekam der Zirkushund glänzende Augen, stand auf, hüpfte auf seinen zwei Hinterbeinen herum und winkte mit den Vorderpfoten einem Neuankömmling entgegen.

»Was ist denn das für ein Riesenhund?« fragte Tuxi. »Das ist kein Hund«, belehrte sie der Zwergschnauzer, »das ist die Löwin Erna.«

Er sprang ihr entgegen und war mit einem Satz auf ihr und leckte ihr das Ohr. Neuankömmlinge wurden schon erwartet, und das Tor öffnete sich. Zwei kleine Botticelli-Engelchen mit viel zu kurzen Hemden spitzten heraus. Sie sahen zu der Löwin auf, ließen sie ein und bemerkten den Zwergschnauzer auf ihrem Rücken gar nicht. Der Zirkushund hatte es also geschafft, er war wieder im Himmel.

»Fast so schlau wie ein Dackel«, meinte Flori. »Dieser kleine Bastard. Gleich, wie wir reinkommen, wir müssen einen Weg finden, wieder einmal herauszukommen, um einen Blick auf die Erde zu werfen, das Frauchen Anne sehen, München und die Berge.

Das Himmelstor öffnete sich wieder, und die beiden kleinen Engel kamen herausgeflogen.

»Ihr Ausreißer«, sagte der eine. »Wißt ihr nicht, daß man Buße tun muß, wenn man den Himmel verläßt. Wir haben schon lange nach euch gesucht. Was denkt ihr euch eigentlich?« »Wir wollten nur einmal auf der Erde nach unserem Frauchen und Oberbayern sehen«, sagte Flori kleinlaut.

Die beiden Engelchen sahen sich an, und der eine sagte zum anderen:

»Sogar hier oben müssen die bayerischen Hunde immer eine Extrawurst haben. Wißt ihr nicht, hundert Jahre im Himmel sind auf Erden nur ein Tag. Bald werdet ihr mit euren menschlichen Freunden wieder vereint sein.«

Dann nahmen sie kurz entschlossen die Wolke und schoben dieselbe mit den beiden Dackeln durch die Himmelstür zurück. Und vorerst hatte alles im Himmel wieder seine Ordnung.